Vorbereitung

herheit

smus

Im Gelände

Vulkane im Überblick

Adressen

Anhang

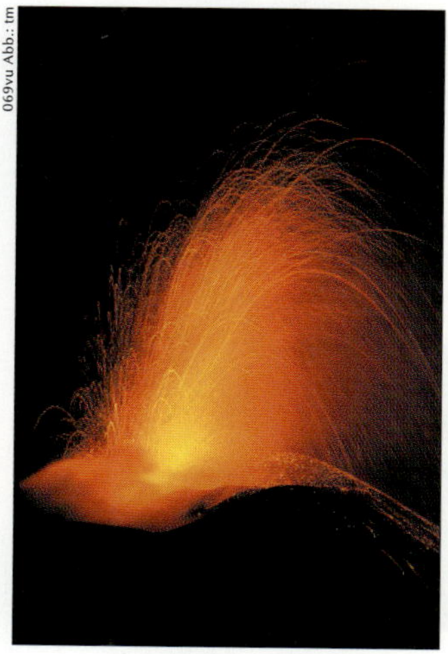

069vu Abb.: tm

Reise Know-How im Internet

Aktuelle Reisetips und Neuigkeiten
Ergänzungen nach Redaktionsschluß
Büchershop und Sonderangebote
Weiterführende Links zu über 100 Ländern

http://www.reise-know-how.de/

Der
Reise Know-How Verlag
Peter Rump GmbH
ist Mitglied der Verlagsgruppe
Reise Know-How

Jens Edelmann

Vulkane besteigen und erkunden

„Wer kann wissen, welche der heute als
unhaltbar erscheinenden Ideen sich
eines Tages als richtig erweisen werden
und welche der Vorstellungen, die wir
aufgrund der gegenwärtigen Beweislage
akzeptieren, in 2000 Jahren als
hoffnungslos naiv gelten werden?"

Robert und Barbara Decker

070vu Abb.: tm

Impressum

Jens Edelmann
Vulkane besteigen und erkunden
erschienen im
Reise Know-How Verlag Peter Rump GmbH
Osnabrücker Straße 79, 33649 Bielefeld

1. Auflage 2000

Wir freuen uns über Kritik, Kommentare und Verbesserungsvorschläge.

Alle Informationen in diesem Buch sind vom Autor mit größter Sorgfalt gesammelt und vom Lektorat des Verlages gewissenhaft bearbeitet und überprüft worden.

Da inhaltliche und sachliche Fehler nicht ausgeschlossen werden können, erklärt der Verlag, daß alle Angaben im Sinne der Produkthaftung ohne Garantie erfolgen und daß Verlag wie Autor keinerlei Verantwortung und Haftung für inhaltliche und sachliche Fehler übernehmen.

Die Nennung von Firmen und ihren Produkten und ihre Reihenfolge sind als Beispiel ohne Wertung gegenüber anderen anzusehen.

Gestaltung
Umschlag: G. Pawlak, P. Rump (Layout), G. Pawlak (Realisierung)
Inhalt: G. Pawlak (Layout), K. Werner (Realisierung)
Fotos: der Autor (je), Klaus Jäger (kj), Grit Lorenz (gl), Thomas Micek (tm), Marc Szeglat (ms), Wolfgang Strübing (st)

Druck und Bindung
Fuldaer Verlagsagentur

ISBN 3-89416-764-5
Printed in Germany

Dieses Buch ist erhältlich in jeder Buchhandlung der BRD, Österreichs, der Niederlande und der Schweiz. Bitte informieren Sie Ihren Buchhändler über folgende Bezugsadressen:

BRD
Prolit GmbH, Postfach 9, 35461 Fernwald (Annerod) sowie alle Barsortimente

Schweiz
AVA-buch 2000, Postfach, CH-8910 Affoltern

Österreich
Mohr Morawa Buchvertrieb GmbH
Sulzengasse 2, A-1230 Wien

Niederlande
Nilsson & Lamm BV, Postbus 195, NL-1380 AD Weesp

Wer im Buchhandel trotzdem kein Glück hat, bekommt unsere Bücher direkt bei: **Rump Direktversand**, Heidekampstraße 18, D-49809 Lingen (Ems) oder über den **Büchershop** auf der Homepage: www.reise-know-how.de

Jens Edelmann

Vulkane besteigen und erkunden

Inhalt

8 Vorwort

Planung und Vorbereitung

12 Warum Vulkane erkunden?
15 Planung
16 Kosten
17 Ausrüstung
29 Die ersten Schritte
34 Mit Kindern auf Vulkane?

Sicherheit am Vulkan

40 Risiken einer Vulkanbesteigung
42 Gefahren beim Vulkanausbruch
51 Sicherheitsmaßnahmen
54 Verhalten bei Eruptionen

Vulkanismus – Ursachen und Erscheinungen

62 Vulkanismus in Fragen und Antworten
86 Eruptionsformen
89 Vulkanische Förderprodukte

Im Gelände

94 Vulkanische Gesteine und ihre Minerale
104 Die Arbeit im Aufschluß
108 Tips zum Anlegen einer Sammlung
111 Fotografieren am Vulkan

Vulkane im Überblick

124 Interessante Vulkangebiete
125 Nordeuropa
125 Mittelmeerraum
130 Atlantik
132 Afrika
137 Nordamerika mit Mexico
142 Mittelamerika
143 Südamerika
146 Vorder- und Zentralasien
147 Ostasien
149 Südostasien
152 Neuseeland
153 Mitteleuropa
155 Wichtige Vulkanobservatorien
157 Vulkane im Internet

Anhang

162 Die erwähnten Vulkane im Überblick
166 Literaturtips
172 Register
176 Der Autor

Exkurse zwischendurch

9 Im Gewitter auf dem Stromboli
40 Abstieg in tätige Krater
43 Zunahme vulkanischer Gefährdung
50 Risikofaktor Mensch
53 Regeln zum richtigen Verhalten auf aktiven Vulkanen
55 Flucht vor dem Mayon
56 Tödliche Unfälle
56 „Zahme" Vulkane

Vorwort

Aktive Vulkane zu beobachten ist eine spannende Sache. Sie sind heiß, sie atmen Asche, Gase und Lava. Ihre Aktivität ist unberechenbar und birgt Kräfte, die sie zur mächtigsten Naturgewalt unseres Planeten machen. Einige Vulkanausbrüche haben sogar das Schicksal ganzer Zivilisationen beeinflußt.

Obwohl uns die Vulkane mit ihren oftmals überwältigenden Formen die einzigartige Möglichkeit bieten, einen direkten Blick in das Innere der Erde zu werfen, ist unser Verhältnis zu ihnen keineswegs frei von Widersprüchen. Es ist auch nicht frei von Furcht. Denn die Vulkane schaffen nicht nur Lebensräume, sie zerstören sie auch. Ihre Hitze wärmt nicht nur, sie kann auch vernichten. Kein Wunder also, daß sie in der Mythologie vieler Völker als Sitz der Götter angesehen wurden und werden.

Sich den Feuerbergen zu nähern, erfordert ein wenig Erfahrung und Vorsicht. Der Geburt neuen Gesteins beizuwohnen, ist nicht nur faszinierend, es kann auch gefährlich sein. Dieser Praxisführers vermittelt allen, die aktive Vulkane erkunden und ihre Ausbrüche beobachten möchten, die dazu notwendigen Kenntnisse. Es wendet sich dabei in besonderem Maße an Leser, die nur wenig oder noch keine Erfahrung mit tätigen Vulkanen haben.

Dieses Buch beruht auf den vielfältigen Erfahrungen, die ich auf einer Reihe von Vulkanreisen, vor allem nach Asien und Südeuropa, sammeln konnte. In diesen Regionen sind viele Vulkane relativ leicht und weitgehend gefahrlos zugänglich. Sie laden dazu ein, erste Schritte auf heißer Erde zu tun. Dabei wünsche ich Ihnen unvergeßliche Eindrücke und immer eine gesunde Rückkehr.

Jens Edelmann

Vulkanologin auf einem Lavatunnel am Ätna

071vu Abb.: ms

001vu Abb.: je

▶ *Fumarole im Sibayak-Krater auf Sumatra (Indonesien)*

Planung und Vorbereitung

Warum Vulkane erkunden?

Gipfeleruption: *Eruptionsform, bei der sich der Ausbruchspunkt im Gipfelbereich eines Vulkans befindet.*

Spalteneruption: *Sowohl an den Flanken eines Vulkans als auch entlang einer Störungslinie auftretende Eruptionsform.*

Die Möglichkeiten der Vulkanerkundung sind sehr vielfältig. An einem Vulkan kann man:

- zum Krater aufsteigen,
- Wanderungen durch Asche- und Schlackenfelder unternehmen,
- Lavaströme ansehen,
- von einem sicheren Punkt aus ↗Gipfel- und Spalteneruptionen betrachten,
- Gas- und Dampfaustritte untersuchen,
- heiße Quellen und ↗Geysire beobachten,
- das Innere von erloschenen oder ruhenden Kratern erkunden (Der Abstieg in tätige Krater ist allerdings nur Fachleuten mit entsprechender Schutzausrüstung und Erfahrung möglich!),
- Kraterseen und Calderen befahren,
- Proben von vulkanischen Produkten sammeln,
- Minerale und Gesteine sammeln und bestimmen.

Geysir
Heiße Quelle, die Wasser periodisch, eruptionsartig auswirft. Die Wirkung des Geysirs ist vor allem von der Form des meist schlotartigen Wasserzufuhrkanals, von der Intensität des Wärmespenders, aber auch vom Wasserzustrom anhängig.

Viele der derzeit rund 550 aktiven Vulkane unserer Erde stehen in landschaftlich schönen, zum Teil sogar touristisch erschlossenen Gegenden und können mit etwas Vorsicht auch aus der Nähe erkundet werden.

Dann wieder gibt es Vulkane, die weithin unbekannt oder nur schwer zugänglich sind. Entsprechend selten werden sie besucht und ziehen deshalb vor allem Wissenschaftler und Abenteurer an.

Ein erheblicher Vorteil für den Anfänger besteht in der überraschend **leichten Zugänglichkeit** vieler Vulkane. Man benötigt außer einer guten Kondition, robusten Schuhen und zweckentsprechender Kleidung zunächst keine weiteren Hilfsmittel, um hinaufzukommen. Dies ist einer der Gründe, weshalb sich das Vulkanbergsteigen großer Beliebtheit erfreut. Auch die oft **grandiose Natur** der Vulkangebiete zieht viele Interessenten an. Hat man dann noch die Chance, in einen brodelnden, Gase auswerfenden Krater zu schauen, vervielfacht dies die Intensität des Erlebens auf geradezu unheimliche Weise.

Wer schließlich das Glück hat, eine ↗Eruption aus der Nähe zu beobachten, wird künftig keine Gelegenheit auslassen, um weitere zu sehen.

Eruption: *Prozeß des Ausfließens bzw. Auswurfs von gasförmigen, flüssigen und festen Bestandteilen aus einem Schlot in die Atmosphäre und auf die Erdoberfläche bei vulkanischer Aktivität.*

Vulkantouren sind für **alle Altersgruppen** möglich. Das Spektrum reicht vom einfach zu besteigenden Schlackenkegel, der mühelos auch mit Kindern begangen werden kann, bis hin zu fünf- und sechstausend Meter hohen, vergletscherten Vulkanriesen, für deren Besteigung man besondere Kenntnisse und die entsprechende Spezialausrüstung benötigt.

Erlebbar sind Vulkane in mehrfacher Hinsicht: **emotional, körperlich und intellektuell.** Die Ästhetik und Gewalt ihrer Eruptionen spricht unsere zutiefst menschlichen Instinkte an, deren Wur-

002vu Abb.: tm

◀ *Eruption am Stromboli (Italien)*

zeln bis in die Urzeit zurückreichen. Vulkane sind Symbole des Feuers – der Mensch braucht Feuer und Wärme zu seiner Existenz; doch wie unbedeutend wirkt er angesichts vulkanischer Urgewalten. Als Berge fordern uns die Vulkane körperlich. Hier müssen wir beweisen, daß wir Strapazen aushalten und, wenn nötig, über uns hinauswachsen können. Intellektuell anspruchsvoll ist vor allem das Verstehen der vielen im Erdinneren aublaufenden Vorgänge, die einer Eruption vorausgehen, sowie das Bestimmen und Systematisieren der vulkanischen Gesteine und ihrer Minerale.

Nicht zuletzt verlangen die Vulkane von uns auch ein hohes Maß an **Mut und Disziplin.** Mut deshalb, weil man bei Vulkantouren nie völlig sicher in Bezug auf den Ausgang der Exkursion sein kann – Vulkane sind lebende Berge, manchmal ruhen oder schlafen sie, manchmal brechen sie ohne Vorwarnung aus. Den Lebensrhythmus eines Vulkans in die Tourenplanung einzukalkulieren, ist daher sehr wichtig. Disziplin, weil man auch angesichts des schönsten Ausbruchs und der spannendsten Eruption einen kühlen Kopf behalten muß und sich keinesfalls zu weit vorwagen darf.

Die Planung einer Vulkantour wird deshalb stets davon abhängen, **mit welcher Absicht** man zum Vulkan fährt. Sei es, weil man nur die Schönheit eines Ausbruchs genießen will, sei es, weil man besonderes Interesse am Sammeln von Vulkangestein hat oder einfach der guten Aussicht wegen auf den Vulkan steigen und einen Blick in den Krater werfen möchte. Es kommt aber auch darauf an, **welchem Vulkan oder Vulkantyp** das besondere Interesse gilt und **welche Art der Aktivität** man studieren will. Ferner ist wichtig, in welchem Maße **Zeit und finanzielle Mittel** für die Vulkantour zur Verfügung stehen und in welcher konditionellen Verfassung man sich befindet.

Planung

Nur eine gründliche und gewissenhafte Vorbereitung der Vulkanexkursion ermöglicht es, innerhalb der im Vulkangebiet zur Verfügung stehenden Zeit alles Wesentliche zu besichtigen und zu studieren.

Für die Planung einer Tour ist es günstig, sich anhand geologischer und topografischer Karten zunächst einen allgemeinen Überblick zu verschaffen. Auch das Studium entsprechender geologischer Führer (siehe Anhang) und guter Reiseführer ist hilfreich. In einer weiteren Planungs- und Vorbereitungsphase können die erworbenen Kenntnisse mit Hilfe der Fachliteratur und/oder dem Internet (siehe „Vulkane im Internet") vertieft werden.

IAVCEI: *International Association of Volcanology and Chemistry of the Earth's Interior*

Während der Vorbereitungen ist es besonders wichtig, einen möglichst lückenlosen **Überblick über die Geschichte** des zur Besichtigung ausgewählten Vulkans, seine Eruptionen, seinen Chemismus und seine aktuelle Aktivität zu erhalten.

Eine große Bereicherung stellen auch **Besuche der Vulkanobservatorien** dar, die es in jedem bedeutenden Vulkangebiet gibt (Anschriften siehe hinten). Da nicht alle Observatorien der Öffentlichkeit frei zugänglich sind, ist es stets von Vorteil, den Besuch rechtzeitig anzukündigen bzw. eine Besuchserlaubnis einzuholen.

Um Kontakte mit anderen Vulkanfreunden oder Wissenschaftlern anzuknüpfen, kann auch die Mitgliedschaft in einer **vulkanologischen Vereinigung,** wie etwa der ↗IAVCEI sinnvoll sein.

Mitglied in der IAVCEI wird man

per Internet: iavcei@interact.net.au oder Brief: IAVCEI Membership, PO Box 185, Campbell, ACT 2612, Australia. Aufnahmeformular anfordern und ausgefüllt zurücksenden. Der Mitgliedsbeitrag beträgt jährlich rund A$ 40, für Studenten nur A$ 10. Zur Zeit hat die IAVCEI rund 600 aktive Mitglieder. Regelmäßig werden Newsletters verschickt. Im Abstand von drei Jahren finden äußerst interessante Generalversammlungen, natürlich in einem vulkanisch aktiven Gebiet, statt.

Kosten

Vulkanerkundungen sind in der Regel **Individualtouren.** Es ist daher nicht möglich, pauschale Kostensätze für deren Durchführung anzugeben. Jeder stellt andere Anforderungen an den Umfang und die Art der Tour, so daß es passieren kann, daß der eine Besucher den Aufenthalt in einem Vulkangebiet als preiswert einschätzt, während ein anderer dort wesentlich mehr Geld ausgibt.

Relativ **preiswert** Vulkanbergsteigen kann man in Südostasien und Lateinamerika. Ein Besuch der europäischen, nordamerikanischen, afrikanischen und japanischen Vulkangebiete bringt eher **höhere Kosten** mit sich. Während ein Guide in Indonesien meist mit einer Tagesgage von umgerechnet ca. 10 Euro (20 DM) zufrieden ist, kostet die gleiche Leistung am Kilimanjaro bereits ca. 100 Euro. Die Ätna-Führer verlangen je nach Tour zwischen 50 und 150 Euro (100-300 DM). Ein Abstieg in den Vesuv-Krater kann bis zu 250 Euro (500 DM) kosten.

Zur Planung der allgemeinen Reisekosten geben Individualreiseführer, beispielsweise aus der Reihe Reise Know-How, konkrete Hinweise. Für die eigentliche Vulkanerkundung muß man zusätzlich mit folgenden Kostenpositionen rechnen:

- **Basisausrüstung:** ca. 300 Euro (600 DM)
- **Genehmigungen, Eintrittsgelder:** ca. 50 Euro (100 DM) (Gruppe bis vier Personen)
- **Guide:** je nach Gebiet (s.o.) 50-150 Euro (100-300 DM) pro Tag (Gruppe bis zwei Personen)

Spezialisierte Reisebüros bieten auch **pauschal buchbare Vulkantouren** und Expeditionen an. Die Preise variieren stark. Für eine dreiwöchige Tour nach Südamerika sind rund 3000 Euro (6000 DM) einzuplanen. Gute Angebote findet man u.a. im Internet unter: www.home.wtal.de.

003vu Abb.: je

Ausrüstung

Grundsätzliche Überlegungen

Wer mit der Seilbahn und dem Geländebus „nur mal schnell" für einen Tag auf den Ätna will, wird außer einer warmen Jacke, Schuhen mit Profilsohle und gegebenenfalls einer Mütze keine besondere Ausrüstung benötigen.

Anders bei schwierigen Wanderungen, Mehrtagestouren oder gar Expeditionen. Hier muß nicht nur die persönliche Fitness stimmen, sondern auch die Ausrüstung allen Eventualitäten gerecht werden.

Eine für Vulkantouren geeignete Ausrüstung muß folgende **grundlegende Anforderungen** erfüllen. Sie entspricht im wesentlichen der eines Geologen und muß leicht, klein im Packmaß, robust, hitze-, säure- und schlagbeständig, unempfindlich gegen Nässe und Schmutz sowie leicht wasch- und trockenbar sein.

Literaturtip:
Rainer Höh, „Wildnis-Ausrüstung", ISBN 3-89416-750-5

Da alle Ausrüstungsgegenstände an einem aktiven Vulkan durch die ständige Präsenz ätzender Gase und Dämpfe, durch vulkanische Niederschläge und durch das teilweise sehr scharfkantige Lavageröll einem relativ hohen Verschleiß unterworfen sind, sollte man sich von vornherein möglichst für **Produkte mit einer guten Qualität** und demgemäß langen Lebensdauer entscheiden. Dies ist im Ergebnis billiger und auch ökologischer, als rasch verschleißende Billigartikel ständig auszutauschen und durch ebenso minderwertige zu ersetzen.

Basisausrüstung

Ein paar unverwüstliche Wanderstiefel, wasser- und winddichte Kleidung, eine Taschenlampe, Schutzhandschuhe, eine Schutzbrille, eine leichte Schutzmaske sowie ein Schutzhelm sind erschwinglich und sollten ebenso wie Karte und Kompaß auf keiner Vulkantour fehlen.

Expertenausrüstung

Geologenhammer, Asbesthandschuhe, Neigungsmesser, Lupe, Strichplatte, Digitalthermometer, Geräte zur Gasanalyse, Bandmaß bzw. Meßlatte sowie exakte geologische und topografische Karten sind typische Ausrüstungsgegenstände, mit denen Geologen und Vulkanologen „zu Felde“ ziehen.

Schuhe

Schuhe müssen eine gute, auch bei Nässe griffige Sohle besitzen. Gut macht sich eine im Schuh integrierte Stahlkappe zum Schutz der Zehen. Eine hochgezogene, rundumlaufende Gummikrempe schont das Leder und verlängert die Lebensdauer des Schuhs beträchtlich.

! **Turnschuhe und Sandalen sind für Vulkantouren ungeeignet,** da sie keinen ausreichenden Schutz vor Fußverletzungen bieten und das Ausrutschen begünstigen.

Da Vulkantouren auch in vergletschertem Gelände bzw. im Winter durchgeführt werden, sollten die Schuhe auch genügend widerstandsfähig gegen Nässe sein und ein gewisses Isolationsvermögen gegen Frost besitzen. Ein hoher Schaft verhindert das Eindringen von ↗Asche und ↗Lapilli. Der Schuh sollte dennoch nicht zu schwer sein. Da man auf vielen Vulkantouren weit laufen und dennoch Kräfte für einen eventuell notwendigen schnellen Rückzug aufsparen muß, gilt es, einen möglichst leichten, aber dennoch stabilen Schuh auszuwählen.

Bekleidung

Warme Kleidung

Hauptfunktion der Bekleidung ist der **Schutz des Körpers vor Auskühlung.** Damit wird der Körper auf „Betriebstemperatur" gehalten, die sich in relativ engen Toleranzen um 37° C Körperkerntemperatur bewegt. Besonders drastische Auswirkungen auf diesen Toleranzbereich hat der Wind. Es ist wichtig zu wissen, daß der Körper durch den sogenannten Windchill-Effekt (Auskühlung durch Wind) bereits bei geringen Windgeschwindigkeiten einer erhöhten Abkühlungsrate unterliegt und sich z.B. bei 40 km/h Windgeschwindigkeit und einer Temperatur von 0° C genauso rasch abkühlt, wie bei minus 15° C und Windstille.

Da vor allem ➚Stratovulkane in der Regel isoliert stehen und sich oft über die 3.000-Meter-Grenze erheben, sind sie sehr stark witterungsexponiert. Gewitter, Stürme, Regen- und Schneeschauer zie-

Asche

bis 2 mm große, staubartige vulkanische Auswurfsmassen aus Glaspartikeln, die beim Zerreißen der aufsteigenden Gasblasen in einem flüssigen Magma gebildet werden.
Im Bild ist der Ascheniederschlag links der Eruptionssäule gut erkennbar.

004vu Abb.: je

Lapilli

lateinisch wörtlich „kleine Steine".
Runde oder eckige Gesteinsfragmente mit bis zu 64 mm Durchmesser, die bei einer Eruption entweder in festem oder flüssigem Zustand ausgeworfen werden.

005vu Abb.: je

Vorbereitung

Stratovulkan: *Vulkan, der sich durch eine zumeist sehr regelmäßige Kegelform mit mehr oder weniger steilen Flanken auszeichnet.*

hen an ihnen meist völlig überraschend auf. Wer dann in T-Shirt und Shorts herumsteht, wird nicht nur an seiner Tour keine Freude mehr haben, sondern muß – im Falle einer ernsthaften Unterkühlung etwa – unter Umständen mit Schlimmerem rechnen als nur mit einem Schnupfen.

Wind ist an Vulkanen immer eisig, egal wie heiß es in den Tälern auch sein mag. Ich habe selten so gefroren wie am Ätna – und das mitten im Sommer.

Mit Wetterjacke in die Tropen?

Eigentlich gibt es auf Vulkantouren in tropischem Klima nur zwei Möglichkeiten: Entweder man keucht und schwitzt (unten am Berg) oder man keucht und friert (oben am Berg). Da atmungsaktive Wetterjacken nur bei Vorhandensein eines Temperaturgefälles zwischen Körper- und Außentemperatur funktionieren, trägt man sie in den Tropen meistens spazieren. Außerdem ist der tropische Regen so warm, daß man oft keine Jacke benötigt. Ausnahme: Auch auf tropischen Vulkanen kann, vor allem in den Morgenstunden, eisige Kälte herrschen und beträchtlicher Wind wehen. Wer dann eine gute, winddichte Jacke und einen Pulli dabei hat, ist fein 'raus.

Eine **wind- und wasserdichte Jacke** gehört deshalb zur unverzichtbaren Ausrüstung jedes Vulkanbergsteigers. Am besten und unverwüstlichsten, aber zugleich teuersten sind dreilagige Gore-Tex-Jacken. Auch ein **warmer Pullover,** am besten aus Fleece, sowie eine **Mütze** gehören in das Exkursionsgepäck. In heißen Ländern kann die Mitnahme eines **Sonnenhutes** oder Sonnenschirms sinnvoll sein.

Hose

Die Hose sollte vor allem **robust** sein. Sie muß locker sitzen und genügend Schrittfreiheit bieten, um damit relativ bequem und kraftsparend auch größere Absätze überwinden zu können. Ferner ist es günstig, wenn sie über ausreichend viele, **geräumige Taschen** verfügt. Besonders Beintaschen, in denen man den Kleinkram (Karte, Kompaß, Mini-Maske, Notizbuch, Stifte etc.) verstauen kann, sind bei der praktischen Arbeit am Vulkan sehr nützlich. Sehr gut verwendbar sind auf vielen Vulkantouren lange Hosen aus Schöller-Material.

Wer länger am Berg ausharren möchte (oder muß), wird sich über eine **wasserdichte Überhose** freuen. Es gibt preiswerte und dennoch funktionelle Modelle mit einer mikroporösen Beschichtung, die für diese Zwecke völlig ausreichen und notfalls auch mit Steigeisen angezogen werden können.

Gamaschen

sind vor allem dann empfehlenswert, wenn es durch Aschefelder geht, sowie generell auf allen Touren mit Schnee- und Eisberührung. Es gibt Cordura- und Gore-Tex-Gamaschen. Cordura-Gamaschen sind für meine Begriffe auf Vulkantouren völlig ausreichend.

Robuster Zeltboden
Beim Zeltkauf sollte man auf einen möglichst robusten Boden achten und beim Campieren auf bzw. an Vulkanen stets eine Zeltunterlage benutzen!

Zelt

Einem freistehenden ↗geodätischen Zelt ist auf Vulkantouren in jedem Fall der Vorzug vor allen anderen Zelttypen zu geben. ↗Tunnelzelte haben zwar ein besseres Verhältnis von der Oberfläche des Innen- zu der des Außenzeltes und bieten damit meist etwas mehr Raum. Sie müssen aber stets abgespannt werden, was an vielen Vulkanen, wo zum Teil in kleinsten Nischen gezeltet werden muß, einfach unpraktisch ist. Moderne Kuppelzelte zwischen 250 und 400 Euro (500-800 DM) sind allesamt recht sturmstabil, solide gefertigt und gewichtsmäßig gut zu verkraften.

Geodätisches Zelt
Verbesserte Form der Kuppelzelte. Während sich bei letzteren die außenliegenden Stangen nur ganz oben kreuzen, bilden hier die Stangen ein Gitter, wodurch das Zelt sehr stabil wird.

Tunnelzelt
Zelt, das von zwei oder mehreren parallel angeordneten Stangen getragen wird.

Schlafsack

Ob man einen Schlafsack benötigt, hängt von der Art und Länge der Tour ab. Ich nehme meistens einen Ein-Kilo-Kunstfaserschlafsack mit.

Decken statt Schlafsack
In vielen Ländern kann man auf den Märkten Decken kaufen und diese am Ende der Tour verschenken. Es finden sich garantiert dankbare Abnehmer!

Kocher

Ein Kocher sollte auf einer mehrtägigen Vulkantour nicht fehlen, jedenfalls dann nicht, wenn die Gruppe keinen Koch dabei hat (in Asien ist es z.B. vollkommen üblich, daß die Guides auch für ihre Gäste kochen).

Mit einem Kocher macht man sich zumindest vom Problem, ausreichend Brennholz zu finden, unabhängig. Im oberen Teil der Vulkane, in der nur dünn bewachsenen Strauchzone, ist dies eine schwierige Aufgabe. Ich bevorzuge Gaskocher, da diese sauberer brennen und auch im Zelt (etwa bei Regenwetter) problemloser zu handhaben sind.

Rucksack

Wenn es irgendwie geht, sollte man das Höchstgewicht des gepackten Rucksacks auf 15 Kilo begrenzen. Was darüber hinausgeht, wird vor allem auf Mehrtagestouren in schwierigem Gelände rasch zur Quälerei, zumal meist noch eine separate Tasche für die Foto- oder Videoausrüstung mitgeführt wird. Für Trekkingtouren sind Rucksäcke mit Innengestell aufgrund ihres hohen Tragekomforts zu bevorzugen. Wo es auf das Tragen großer Lasten ankommt, etwa bei Expeditionen, haben Rucksäcke mit Außengestell ihre Berechtigung. Als Tagesrucksack verwende ich einen Bike-Daypack. Vorteil:

Große seitliche Schubfächer für Getränke und eine große, vorn angebrachte Spannvorrichtung für Zubehör (Hammer, Helm etc.)

Landkarten

Zur Orientierung sind geologische und topografische Karten notwendig. Am besten ist es, wenn diese im Maßstab 1:25.000 vorliegen. Auch mit dem Maßstab von 1:50.000 kann man gut arbeiten. Größere Maßstäbe sind ungünstig. Leider bekommt man für viele Länder keine hinreichend genauen Karten und ist zum Improvisieren gezwungen. Besonders wenn man beabsichtigt, in ungenügend kartierte Gebiete zu reisen, ist die Auswertung aller im Vorfeld der Reise verfügbaren Quellen unverzichtbare Voraussetzung für den Erfolg der Tour. Die erfolgreich beendete Mission der Raumfähre „Endeavour" zur Kartografierung der Erdoberfläche läßt hoffen, daß auch von vielen Vulkangebieten demnächst bessere bzw. erstmals Karten vorliegen.

Landkarten wasserfest
Für die Arbeit im Gelände ist es von Vorteil, die Karten entweder durch eine wasserdichte Folie zu schützen oder sie auf eine Plastikfolie aufzuziehen.

Schutzausrüstung

Handschuhe

Handschuhe sind am Vulkan unverzichtbar, denn sie schützen unsere empfindlichsten Werkzeuge, die Hände, nicht nur vor Kälte, sondern auch vor ätzenden Säuren und scharfkantigen Splittern, die beim Schlagen (der Geologe sagt: Formatieren) der vulkanischen Proben entstehen können. Das Material der Handschuhe kann aus grober Synthetik oder Leder sein. Gegen Kälte und Nässe sind Fleece- bzw. Gore-Tex-Handschuhe richtig. Wichtig ist, daß die Handschuhe gut passen und man mit ihnen an den Händen ungehindert arbeiten kann. Man braucht Handschuhe am Vulkan ständig und sollte sie deshalb auf keinen Fall vergessen. Von Vorteil ist auch, zusätzlich säure- und/oder hitzebeständige Schutzhandschuhe dabei zu haben, die man beispielsweise beim Sammeln frischer Bomben oder Schlacken gut gebrauchen kann.

Schutzmaske und Schutzbrille

Ohne einen wirksamen Atemschutz auf Vulkantour zu gehen, kann im wahrsten Sinne des Wortes zu einer atemberaubenden Angelegenheit werden (siehe Kapitel „Sicherheit"). Es gibt professionelle **Schutzmasken mit Visier,** die von Feuerwehrleuten, aber auch Vulkanologen benutzt werden. Sie bieten vollkommenen Schutz, sind aber auch sehr teuer. Für unsere Zwecke reicht es, auf eine **filtrierende Halbmaske** zurückzugreifen, die gegen Gase, Dämpfe und Partikel guten Schutz bietet. Erhältlich ist sie u.a. in Baumärkten.

Auch eine **Schutzbrille** darf auf keiner Vulkantour im Gepäck fehlen. Leider wird die Bedeutung dieses leichten und billigen Utensils meist nicht aus-

006vu Abb: gl

Beim Schlagen der Proben immer Schutzbrille und Handschuhe tragen!

reichend ernst genommen. Man sollte aber beim Formatieren der Proben immer daran denken, daß Lavasplitter (vor allem von Glaslava/Obsidian) extrem scharfkantig sind. Nicht umsonst haben unsere frühen Vorfahren den Obsidian zu Faustkeilen verarbeitet. Die Sichtscheiben der Schutzbrille müssen deshalb zumindest splitterfest, besser noch splitter- und säurefest sein. Ferner sind seitliche Abdeckungen erforderlich. Es gibt Schutzbrillen auch für Brillenträger. Die normale Lesebrille ist als Schutzbrille nicht ausreichend!

Materialalterung
Am bequemsten und vom Gewicht her günstig sind nach UIAA-Norm gefertigte Bergsteigerschutzhelme aus Polykarbonat. Da das Material altert, sollte man beim Kauf auf das (innen eingeprägte) Jahr und Quartal der Herstellung achten und den Helm spätestens alle 5-6 Jahre gegen einen neuen austauschen.

Schutzhelm

Zugegeben – Spaß macht es nicht gerade, so ein sperriges Teil im bzw. am Rucksack mit sich herumzutragen. Wer die elementare Notwendigkeit, in der Nähe tätiger Krater einen Schutzhelm zu tragen, nicht wahrhaben will, dem sei die Lektüre der im Internet veröffentlichten Unfallberichte vom Stromboli empfohlen (www. Stromboli.net).

007vu Abb.: je

◀ *Gegen Bomben dieses Kalibers (hier am Ätna) nützt natürlich der beste Helm nichts.*

Gehörschutzstöpsel

Bei starken Eruptionen kann der Schalldruck über 130 dB (A)!!) erreichen. Zum Schutz der Härchen des Gehörganges vor Beschädigung sind deshalb Gehörschutzstöpsel erforderlich. Solche aus Schaumstoff werden vor dem Einsetzen in den Gehörgang zu einer dünnen Rolle zusammengedrückt, die sich nach wenigen Sekunden im Gehörgang wieder ausdehnt.

Erste-Hilfe-Set

Ein Erste-Hilfe-Set ist auf Vulkantouren obligatorisch und muß neben ausreichend Pflastern und Verbänden auch Brandsalbe, Desinfektionsmittel sowie eine Pinzette zum Entfernen von Splittern und Augentropfen zum Herauswaschen von in die Augen gelangten Fremdkörpern enthalten.

Utensilien zum Mineraliensammeln

Keine Billigware!
Man sollte möglichst keine Billighämmer verwenden, da bei diesen die Haue meist lackiert ist und nach dem Schlagen Farbspuren an den Handstücken zurückbleiben können. Außerdem besitzen die meisten preiswerten Hämmer nicht die für geologische Erfordernisse notwendige Festigkeit.

Geologenhammer

Dieses Werkzeug ist ebenfalls unverzichtbar auf jeder Tour, die ins geologisch aufschlußreiche Gelände geht. Es gibt sie in verschiedenen Preis- und Gewichtslagen. Üblich sind solche zu 500 bzw. 1000 Gramm. Aufgrund des guten Stahls und der sorgfältigen Verarbeitung sind Geologenhämmer nicht billig. Sie liegen preislich meist um 50 Euro (100 DM).

Meißel

Ein bis zwei gute Kaltmeißel sind in geologischen Aufschlüssen zum Schlagen der Handstücke und Herausarbeiten von Mineralen sehr nützlich (Klin-

008vu Abb.: je

Seitliches Schlagen der Handstücke bringt die besten Ergebnisse

genbreite 0,5-1,5 cm). In splittrigem Gestein sind Meißel mit breiter Klinge vorzuziehen.

Lupe

Als Diagnosegerät auf einer Vulkantour nicht unbedingt erforderlich, jedoch zu Hause beim Bestimmen der Proben unentbehrlich. Die Lupe sollte ausreichend stark vergrößern (8fach, besser 10fach). Mit integrierter Lampe ist man lichtunabhängig.

Plastiktüten

Tüten zum Sammeln der vulkanischen Produkte sollte man doppelt soviel einpacken, wie man zu brauchen glaubt. Sehr wichtig ist auch eine Rolle Klebeband, da man die Tüten für den Transport möglichst fest verschließen muß. Wer die gesammelten Schätze dann am Zoll wieder auswickeln muß (wie es uns nach einer Philippinen-Reise in Manila und Frankfurt einmal passierte), wird seine Gründlichkeit aber vielleicht verfluchen.

Notizbuch

Ein Notizbuch ist ebenfalls wichtig, wird aber oft vergessen. Spätestens zu Hause, beim Sortieren der Proben (aber auch der Dias), könnte man ansonsten Mühe haben, sich das eine oder andere Datum oder die unterschiedlichen Fundstellen korrekt in Erinnerung zu rufen. Ein sorgfältiges Geländeprotokoll ist von großer Bedeutung und die einzige Unterlage über die Fundstellen.

Gesteins- und Mineralbestimmungsbuch

Ein Bestimmungsbuch mit Farbschlüssel sollte zur eingehenderen Bestimmung der Gesteine und Minerale auf einer Vulkantour nicht fehlen.

Sonstige Hilfsmittel

Teleskopstöcke

Für mich ein Muß auf jeder Bergtour und längst nicht nur bei Wanderungen an Vulkanen äußerst praktisch. Ich verwende die Stöcke vor allem beim Aufstieg an steilen Asche- und Lapillifeldern, beim Abstieg und beim Durchqueren von Furten.

Magnetanomalien

Bei der Benutzung des Kompasses muß man beachten, daß die Magnetnadel durch die häufig stark eisenhaltige Lava (vor allem bei basischen Laven) abgelenkt werden kann. Kompaßermittelte Richtungsangaben müssen in Vulkangebieten deshalb ständig aufs neue überprüft werden .
Ausführliche Hilfestellung zum Thema gibt der Praxis-Band „Orientierung mit Kompass und GPS“ von Rainer Höh, ISBN 3-89416-755-6

Taschenlampe

Eines der unverzichtbarsten Ausrüstungsteile – nicht nur auf Vulkantouren. Da die Aufstiege an vielen Vulkanen noch während der Dunkelheit durchgeführt werden (um oben den Sonnenaufgang zu erleben), darf eine leistungsfähige Taschenlampe mit Ersatzbatterie(n) auf keiner Tour fehlen. Am praktischsten sind Stirnlampen, wie sie auch die Bergsteiger verwenden.

Kompaß und Höhenmesser

Auch auf Vulkantouren sind diese beiden Geräte unentbehrliche Hilfsmittel für die Orientierung. Ihr

Gebrauch sollte bereits zu Hause eingehend geübt werden. Mittlerweile gibt es im Handel eine ganze Reihe von bezahlbaren und praxisgerechten Höhenmessern im Armbanduhrformat (Preisbereich 75 bis 150 Euro / 149 bis 300 DM).

Klettergurt, Eispickel, Seil, Steigeisen

Diese Utensilien braucht man für Touren an vergletscherten Vulkan. Auch beim Überwinden steiler Geländepassagen können Seil und Klettergurt notwendig werden. Es gibt reine **Sitzgurte, Brustgurte und Kombigurte,** deren Handhabung man ebenso wie die von Eispickel und Steigeisen vor der Tour üben sollte. Erfahrene Bergsteiger und Mitglieder des Deutschen Alpenvereins helfen hier weiter.

Recorder

Für die Aufzeichnung von Tonaufnahmen der Eruptionen verwende ich als Aufnahmegeräte einen Minidiskrecorder und ein Stereomikrophon. Beide werden in einer Bauchtasche transportiert.

Die ersten Schritte

Geführte Touren

Die ersten Schritte an einem tätigen Vulkan sollte man entweder in Begleitung eines authorisierten Führers oder einer Person tun, die den Vulkan bereits kennt. In vielen Vulkangebieten kann es darüber hinaus sinnvoll sein, sich einer Gruppe anzuschließen, die in Begleitung eines Führers im Gelände unterwegs ist. Solche geführten Touren werden zum Beispiel von der Nationalparkverwaltung ICONA auf Lanzarote angeboten und bilden einen sehr lehrreichen und einfachen Einstieg in die Welt der Vulkane.

Tagestouren für Anfänger

Wer überhaupt noch keine Erfahrung mit Vulkanen hat, aber gern einmal einen aktiven Feuerberg besteigen möchte, sollte für den Anfang eine Tagestour in ein gut erschlossenes, leicht zugängliches Vulkangebiet auswählen. Hierfür eignet sich z.B. ein Besuch des (gegenwärtig ruhenden) Vesuv, der Phlegräischen Felder bei Neapel, des El Teide auf Teneriffa, der Montanas del Fuego auf Lanzarote, des Gunung Batur auf Bali oder des Kilauea auf Hawaii. Diese Touren erfordern keine besonderen Vorkenntnisse, weder über den Vulkan, noch über das Gelände, in dem man sich bewegt, und es ist auch keine besondere Ausrüstung notwendig. Das Sammeln von Eindrücken steht hierbei im Vordergrund. Ob man einen Führer engagiert, hängt davon ab, ob man sich die Tour allein zutraut.

Anspruchsvollere Tagestouren

Etwas anspruchsvoller sind Tagestouren zum Stromboli und zum Ätna, auch wenn man am Ätna auf die Hilfe der Seilbahn und geländegängiger Busse zurückgreifen kann, was besonders im Winter recht angenehm ist (sofern Seilbahn und Busse dann fahren). Ätna und Stromboli gehören jedoch in die Kategorie der nahezu permanent tätigen Feuerberge, deren Eruptionen nicht nur schön anzuschauen sind, sondern auch demjenigen, der sich unvorsichtig verhält, recht schnell gefährlich werden können.

Ätna – der friedliche Riese?
Der Ätna ist keineswegs nur der friedliche Riese, als den ihn die Tourismusbranche gern präsentiert. Die seit Januar 2000 andauernde Serie heftig(st)er Gipfeleruptionen (sog. Paroxysmen) unterstreicht, daß man sich den Ätnakratern derzeit nur mit äußerster Vorsicht nähern sollte.

Einige Grundkenntnisse über Eruptionsformen, das richtige Verhalten an aktiven Vulkanen sowie

Rauchringe am Ätna - ein ziemlich seltenes Phänomen

Kenntnisse in Erster Hilfe und zur Orientierung bei widrigen Witterungsverhältnissen sind unverzichtbar, um selbständige Tagestouren auf diese Vulkane zu unternehmen. Wer sich das noch nicht zutraut, kann sowohl am Ätna, am Stromboli, als auch auf den Kanarischen Inseln auf die Dienste erfahrener Bergführer zurückgreifen.

Wenn man erst einmal ein paar Erfahrungen mit den Vulkanen und der Ausarbeitung von Touren gesammelt hat, kann man sich nach und nach an anspruchsvollere Mehrtagestouren wagen. Inwieweit man sich hierbei der Hilfe von Führern und ggf. Trägern bedient, ist von Fall zu Fall zu entscheiden.

Mehrtagestouren

Mehrtagestouren an aktiven Vulkanen laufen in der Regel nach folgendem Schema ab:

1. Tag: Anreise zum Vulkan und Kontaktaufnahme mit Führer(n) und ggf. Trägern, soweit möglich auch mit dem örtlichen Vulkanobservatorium. Kenntnisse der jeweiligen Landessprache sind hierfür sehr nützlich und werden von der Bevölkerung des Gastlandes entsprechend positiv honoriert.

2. Tag: Aufstieg zum Camp

3. Tag: Aufstieg zum Krater, ggf. Abstieg in den Krater und Rückkehr zum Camp

4. Tag: Zeit für die Untersuchung interessanter geologischer Formationen, von Nebenkratern, Gasaustritten usw.

5. Tag: Abstieg und Rückreise

Dieses Schema hat sich auf vielen meiner Touren bewährt. Es muß jedoch nach den örtlichen Gelände- und Wettergegebenheiten variiert werden. Man muß auch berücksichtigen, daß die Aufstiege zu vielen Vulkanen auf Meeresspiegelniveau beginnen und die Berge zum Teil Höhen von 3000 Metern und mehr erreichen.

Sehr interessante Mehrtagestouren kann man u.a. an bzw. zu den folgenden Vulkanen unternehmen: Askja (Island), Ätna (Italien), Kilimanjaro (Tanzania), Mt. Meru (Tanzania), Piton de la Fournaise (La Réunion), Semeru, Kerinci, Rinjani (alle Indonesien) und Colima (Mexico). Auch die ziemlich anspruchsvollen Besteigungen des Mt. Rainier (USA) und des Cotopaxi (Ecuador) sind hier einzuordnen.

Expeditionen

Viele sehr interessante Vulkane sind nur im Rahmen von Expeditionen zugänglich, deren Durchführung jedoch nicht nur sichere Kenntnisse in Bezug auf die vulkanologischen Aspekte der Tour (Geschichte des Vulkans, Ausbruchsmechanismus, jüngste Aktivität) erfordert. Zusätzlich muß man sowohl topografische als auch geologische Karten lesen und sich mit Karte und Kompaß orientieren können. Die mitgeführte Ausrüstung muß allen Eventualitäten gerecht werden; mit ihrer Handhabung müssen alle Expeditionsteilnehmer bestens vertraut sein.

Kenntnisse im Begehen von Gletschern und Eisfeldern sind unter Umständen ebenso unerläßlich wie praktische Fähigkeiten in der Bergung von Verunglückten aus Gletscherspalten.

Auch gute Sprachkenntnisse und ein gewisses diplomatisches Geschick bei Verhandlungen mit einheimischen Führern und Trägern bringen Vorteile. Ferner sollten zumindest einige Teilnehmer über gründliche Kenntnisse in Erster Hilfe verfügen. Nicht zuletzt sind eine sehr gute Kondition sowie ein stabiler Gesundheitszustand Voraussetzungen für die erfolgreiche Durchführung von Expeditionen in abgelegene Vulkangebiete.

Zu den „Expeditionsvulkanen" zählen u.a. der Sabancaya (Peru), der Lascar (Chile), der El Chichon (Mexico), der Tambora (Indonesien), der Chimborazo und der Sangay (beide Ecuador), die Virunga-Berge (Kongo), der Mount Spurr und der Katmai/Novarupta (Alaska). Aber auch viele Vulkane Kamtschatkas und der Mt. Erebus in der Antarktis gehören dazu.

▼ *Der Aufstieg ist geschafft.*

010vu Abb.: je

Mit Kindern auf Vulkane?

Grundsätzlich spricht nichts dagegen, auch mit Kindern Vulkantouren zu unternehmen. Schließlich sind die Vulkane Teil der Natur und es wert, in der Phantasie und im Erleben unserer Jüngsten ihren Platz zu finden.

Ich bin in den vergangenen Jahren mit Kind(ern) auf einer Reihe von Vulkanen gewesen. Unsere Tochter hat ihren ersten Vulkan, den Batur auf Bali, beispielsweise bereits mit fünf Jahren auf eigenen Füßen bestiegen. Deshalb bin ich mir sicher, daß Vulkantouren auch etwas für Kinder sind – sofern man es richtig anpackt.

Die Frage, **welcher Vulkan für welches Kind** der geeignetste ist und ab welcher Altersstufe man den Kindern Vulkantouren zumuten kann, läßt sich nicht pauschal beantworten, da dies sehr von der psychischen, mentalen, konditionellen und gesundheitlichen Verfassung des Kindes abhängt. Ich habe mir am Schluß dieses Kapitels trotzdem erlaubt, ein paar Empfehlungen zu geben.

Eltern wissen, daß ihre Kinder sich zwar mitunter sehr schnell von einer Idee begeistern und mitreißen lassen – aber genauso rasch ermüden. Dies ist das eigentliche Problem und gilt keineswegs nur für Vulkanbesteigungen.

Kinder wollen auf einer Wanderung **„Action“** haben, also etwas erleben. Auf einer Vulkantour kommen sie diesbezüglich natürlich besonders auf ihre Kosten. Es gibt so viele Dinge zu entdecken (Dampfaustritte, Lava, Schwefel, Minerale, einen Krater usw.), die vollkommen neu für viele Kinder sind, so daß der Tag einfach nicht langweilig werden kann. Allerdings sind bei der ganzen Sache auch ein paar Anstrengungen zu meistern, auf die man die Kinder vorbereiten muß. Damit wir uns richtig verstehen: Hier ist nicht die Rede von Expeditionen ins Unbekannte oder zu hochgradig gefährlichen, unberechenbaren Feuerbergen der „Merapi-Klasse". Vulkantouren mit Kindern müssen einen klar definierten Charakter haben: ungefährlich, möglichst als Tagestour zu bewältigen und dürfen vor allem nicht zu einer Überforderung der Eltern führen.

Mit anderen Worten: Berge, an denen man schon als Erwachsener Probleme hat, hinauf bzw. wieder herunter zu kommen, scheiden als Tourenziel mit Kindern von vornherein aus.

Man sollte auch bedenken, daß Kinder mitunter dann, wenn es für die Großen am interessantesten wird, z.B. bei der Beobachtung einer Eruption, aus für den Erwachsenen unbegreiflichen Gründen das **Interesse verlieren** können, quengelig werden oder gar Angst bekommen. Abstriche am Umfang und der Intensität des Erwachsenen-Erlebnisses sollten deshalb auf Touren mit Kinder von vornherein genauso einkalkuliert werden wie der **Abbruch der Tour** – etwa weil das Kind Angst bekommt und sich weigert, weiter zu gehen oder weil ein größerer Ausrutscher passiert und man auf Nummer sicher gehen will, daß keine ernsthafte Verletzung vorliegt. Als große Bereicherung habe ich jedoch stets die Möglichkeit empfunden, den Kindern in der Natur Dinge zeigen zu können, die sie sonst nur vom Fernsehen oder aus Büchern kannten. Außerdem sind Kinder sehr dankbar für die Zeit, die man ihnen widmet.

Kinder und Kälte

Kinder frieren aufgrund ihres ungünstigeren Verhältnisses von Körperoberfläche zu Körpervolumen leichter als Erwachsene. Ihre Bekleidung und Ausrüstung muß deshalb so beschaffen sein, daß Regen, Wind, Schnee, aber auch Hitze gut vertragen werden. Faustregel: Was man sich selbst an Qualität gönnt, sollte auch für die Kinder nicht zu teuer sein.

Welches Alter ist nun das Richtige? Ich würde ungern Kinder, die jünger als 5-6 Jahre alt sind, mit auf Vulkantour nehmen. Dies hängt damit zusammen, daß kleinere Kinder (etwa um 3-4 Jahre) noch einen relativ festen Tagesrhythmus brauchen. Meist sind sie schon zu schwer, um über einen längeren Zeitraum getragen zu werden, und längere Distanzen können sie noch nicht allein schaffen.

Etwa ab dem Vorschulalter sind die Knirpse jedoch oft schon in der Lage, bestimmte Strecken selbst zu laufen und auch kleinere Anstiege zu bewältigen. Außerdem sind sie nicht mehr so fest an ihren Tagesrhythmus gebunden wie jüngere Kinder.

Da Kinder großen Wert darauf legen, für eine gut gemachte Sache gelobt zu werden, sollte man mit **Lob auf der Tour** lieber etwas großzügiger umgehen als zu sparsam.

Man muß auch berücksichtigen, daß Kinder leicht **Angst bekommen**, vor allem dann, wenn sie mit unbekannten Phänomenen konfrontiert werden, für die ihr bisheriger Erfahrungsschatz noch keine Erlebnismuster aufweist: ein rauchender, stinkender Krater etwa oder eine zischende ↗Fumarole können einem Sechsjährigen durchaus gehörige Furcht einflößen.

Fumarole

Vulkanische Gas-Dampf-Exhalationen unterschiedlicher Temperatur (T). Man unterscheidet: hochtemperierte, eruptive Gasaustritte mit T bis 1000° C; mitteltemperierte, saure Gasaustritte mit T um 300° C und niedrigtemperierte „kühle“ Gasaustritte von rund 100° C. Bild siehe Seite 10.

! **Gehen Sie die Tour ruhig an, erzwingen Sie nichts.** Die Kinder zeigen sehr deutlich, bis zu welchen Grenzen sie gehen können. Diese Grenzen sollte man als Erwachsener unbedingt respektieren.

Eine sorgfältige **mentale Vorbereitung** der Tour ist deshalb ausgesprochen wichtig. Gespräche über den Vulkan, der besucht werden soll, das gemeinsame Anschauen von Büchern oder Videos trägt dazu bei, daß bei den Kindern eventuell bestehende Ängste abgebaut werden oder gar nicht erst aufkommen.

Folgende Vulkane können meines Erachtens mit Kindern problemlos besucht werden:

Vulkan	**Land**	**Mindestalter**
Mauna Loa	*USA (Hawaii)*	*5-6*
Vesuv	*Italien*	*5-6*
Stromboli	*Italien*	*8*
Ätna (bis 2700 m)	*Italien*	*6-7*
Vulcano (ohne Krater)	*Italien*	*6-7*
Campi Flegrei	*Italien*	*5-6*
El Teide (mit Seilbahn)	*Spanien (Teneriffa)*	*5-6*
Montanas del Fuego	*Spanien (Lanzarote)*	*5*
Santorini	*Griechenland*	*5*
Batur	*Indonesien (Bali)*	*5-6*
Tangkuban Prahu	*Indonesien (Java)*	*5-6*

011vu Abb.: gl

◀ *Auf dem Rückweg vom Batur auf Bali (Indonesien)*

012vu Abb.: je

▶ *Heftige Eruption am Ätna-Südostkrater*

Sicherheit
am
Vulkan

Risiken einer Vulkanbesteigung

Mit dem Betreten eines aktiven Vulkans bzw. einer geothermisch aktiven Zone können gewisse Risiken verbunden sein, über die man Bescheid wissen muß. Vor allem die als „instabil" klassifizierten Vulkane, wie der Mayon, der Merapi, der Ulawun oder der Taal, bergen immer das Risiko einer sprunghaften und unerwarteten **Zunahme der vulkanischen Aktivität,** die in einen Ausbruch münden kann.

Aber auch Selbstüberschätzung und Leichtsinn der Vulkanbesucher bilden einen erheblichen Risikofaktor und führen manchmal zu schweren, jedoch **vermeidbaren Unfällen** (siehe Unfallstatistik des Stromboli, veröffentlicht im Internet unter www.Stromboli.net).

Vulkane zu erkunden ist dennoch weit weniger gefährlich als gemeinhin angenommen. Die nur sel-

Abstieg in tätige Krater

Relative Nähe bedeutet jedoch nicht, auf eigene Faust den Abstieg in einen tätigen Krater zu riskieren. Dies bleibt aus gutem Grund den Vulkanologen vorbehalten. Wer es dennoch nicht lassen kann, braucht sich über einen recht ungemütlichen Empfang - mit explodierenden Gasen, dem Auswurf glühender Lavafetzen usw. - nicht zu wundern. Besonders Mutige sind auch schon mal im Krater verschwunden - erstickt, von Lavabrocken getroffen, verbrannt.

Wer den „Kick" braucht, kann sich z.B. an das Vesuv-Observatorium wenden und nach Erteilung der Genehmigung in Begleitung eines Führers in den Krater des Vesuv hineinsteigen. Die Kletterpartie ist allerdings nicht ohne und hat etwas Gruseliges, vor allem wenn man sich vorstellt, daß man in einem Höllenschlund steht, der buchstäblich jeden Moment loslegen kann.

ten explosiv verlaufenden Eruptionen der lavafördernden Vulkane, z.B. des Ätna, des Stromboli, des Kilauea, des Pacaya oder des Piton de la Fournaise, können unter Einhaltung eines Sicherheitsabstandes auch aus relativer Nähe beobachtet werden.

Aa-Lava
(sprich: A-A)
Hawaiianisch für „kann nicht barfuß betreten werden". Diese Lava ist durch eine rauhe, gezackte und brüchige Oberfläche charakterisiert.

013vu Abb.: gl

014vu Abb.: je

! In Abhängigkeit von der Heftigkeit der vulkanischen Aktivität kann ein **Sicherheitsabstand von etwa 300 bis 500 Metern** zur Austrittsquelle des Magmas als ausreichend gelten. Nur sehr langsam fließende ↗Aa-Lavaströme sind gefahrlos auch aus der Nähe zu betrachten.

Wirklich gefährlich sind hingegen die großen **Vulkanausbrüche mit zähflüssigen Magmen**. Auf diese Eruptionsform, die vor allem an den Vulkanen des ↗Ring of Fire zu beobachten ist, wird später noch näher eingegangen.

Die Vulkanologen „horchen" mit Hilfe empfindlicher Seismometern in die Vulkane hinein und berechnen aufgrund feinster Schwingungen im Vulkangebäude die **Wahrscheinlichkeit des Aufstieges einer Magmafront.** Klinometer messen die Veränderungen der Hangneigung, und auch die Analyse der Zusammensetzung austretender Gase gestattet Rückschlüsse darauf, ob ein Vulkan vor einem Ausbruch steht oder nicht.

Aufgrund der teils regelmäßig, teils schlagartig verlaufenden Entgasung des im Vulkaninneren aufsteigenden Magmas, die sich in ihrer Intensität von Vulkan zu Vulkan, ja sogar von Eruption zu Eruption unterscheidet, ist es dennoch sehr schwierig, genaue Prognosen darüber abzugeben, wann ein Vulkan das nächste Mal und vor allem wie heftig er ausbrechen wird. Jeglicher vulkanischen Aktivität ist deshalb eine gewisse **Unberechenbarkeit** eigen, die sich auch mit den besten Untersuchungs- und Überwachungsmethoden nicht völlig ausschließen läßt.

Ring of Fire

Gebirgsbildene (orogene), seismisch hochaktive Zone, die den gesamten Pazifik umspannt und das bedeutendste geschlossene Vulkansystem der Erde darstellt.

Gefahren beim Vulkanausbruch

Wenn ein Vulkan ausbricht, gehen bestimmte Gefahren von ihm aus. Um sich ihnen im Falle eines Ausbruches nicht unnötig auszusetzen, muß man sie kennen.

Die vulkanischen Hauptgefahren sind

- Lavaströme,
- Pyroklastische Ströme,
- Gase,
- Niederschläge (Airfalls) von Aschen, Lapilli und Blöcken,
- Lahars (Schlammströme),
- Bergstürze und
- Tsunamis (Flutwellen).

Hiervon stellen die ersten vier primäre Gefahren, die drei anderen sekundäre Gefahren dar. Hinzu kommen die bei starken vulkanischen Eruptionen auftretenden **Druckwellen** (sog. lateral blasts), die

Zunahme vulkanischer Gefährdung

Erwähnenswert scheint mir die Tatsache, daß weltweit eine Zunahme der vulkanischen Gefährdung zu verzeichnen ist. Dies jedoch nicht deshalb, weil die Vulkane objektiv gefährlicher oder ihre Ausbrüche verheerender geworden wären. Hauptursache für den Anstieg der Bedrohung durch die Vulkane ist die immer dichtere Besiedelung aktiver Vulkangebiete durch den Menschen. Weltweit leben etwa 500 Millionen in der Nähe aktiver Vulkane. Glücklicherweise wurden bislang - soweit überliefert - insgesamt nur vier Städte von Vulkanausbrüchen ausgelöscht: Pompeji und Herculaneum beim großen Ausbruch des Vesuv im Jahre 79 nach Christus. 1902 traf es die Stadt St. Pierre auf der Antillen-Insel Martinique und 1985 die kolumbianische Stadt Armero. Eine durchaus ernst zu nehmende Gefahr stellen große Vulkanausbrüche hingegen für den modernen Flugverkehr dar. Es hat Beinahe-Abstürze allein dadurch gegeben, daß die Turbinen von Passagiermaschinen beim Passieren großer Eruptionswolken Asche ansaugten und verstopften.

mit Drücken von 100 t/m² auf ihre Umgebung einwirken können. Auch von den teils **stark säurehaltigen Wässern** vieler Kraterseen gehen bei direktem Kontakt Gefährdungen, z.B. für die Haut, aus.

Lavaströme

Lavaströme können sowohl aus sehr **dünnflüssigem** als auch aus zähflüssigerem Material bestehen. Im ersten Fall bilden sich Lavaströme, die mit Geschwindigkeiten von 50 Stundenkilometern die Hänge des Vulkans hinunterfließen können. Beim Beobachten solcher Lavaströme ist größte Vorsicht

015vu Abb.: kj

016vu Abb.: je

017vu Abb.: je

und eine sehr gute Geländekenntnis erforderlich, da sie sich überraschend teilen und den Betrachter einschließen können. Auch das Betreten von Lavatunneln (sog. Tubes, siehe Seite 9) darf nur mit allergrößter Vorsicht erfolgen. Die Schmelze ist noch rund 1000 °C heiß!

Ist das **Magma zäher,** bildet sich eine Blocklava mit rauher Oberfläche, die relativ langsam fließt und somit gute Beobachtungsmöglichkeiten bietet.

Da die Lavaströme im wesentlichen das letzte Stadium der vulkanischen Aktivität darstellen und der **Restgasgehalt** des Magmas meist niedrig ist, sind die von ihnen ausgehenden direkten Gefahren häufig relativ gering. Allerdings richten Lavaströme häufig riesige Zerstörungen mit großen materiellen Verlusten an.

Pyroklastischen Ströme

Eine weitaus größere Gefahr als die Lavaströme stellen die pyroklastischen Ströme dar, die auch als **Glutwolken (Nuées ardentes)** und **Ascheströme** bezeichnet werden. Von allen vulkanischen Gefahren sind sie die tödlichste. Ihre Dichte und ihr Gehalt an überhitzten Gasen sind so groß, daß Bimssteine, Glaspartikel, ja selbst größere Trümmer mit

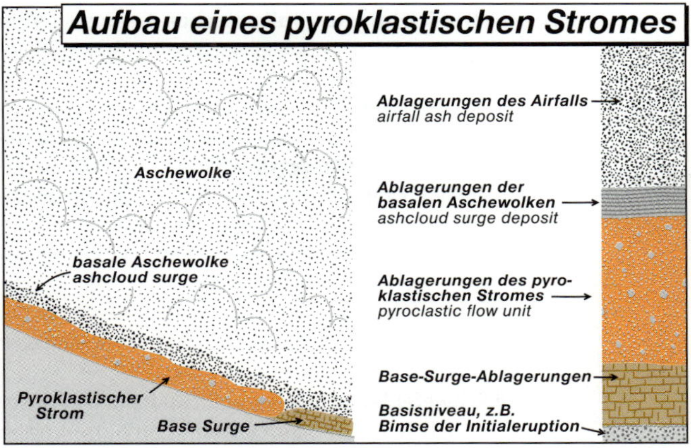

den eingeschlossenen Gasen eine Masse (Glutlawine) bilden, die sich wie eine Flüssigkeit bewegt und sogar hangaufwärts fließen kann. Pyroklastische Ströme sind bis 800° C heiß und können mit Geschwindigkeiten bis zu 500 km/h die Hänge des Vulkans herabstürzen. Die Flucht vor einem pyroklastischen Strom erweist sich aufgrund der hohen Temperaturen, die von ihm ausgehen, und der großen Geschwindigkeit, mit der er sich bewegt, meist als unmöglich.

Base Surge: *Hochenergiereiche, sich dicht über den Boden bewegende Wolken aus einem Gemisch von Gasen, Wasserdampf, Aschen und Gesteinsfragmenten*

Vulkanische Gase

sind überwiegend giftig, unsichtbar und deshalb sehr gefährlich. Um so erstaunlicher ist es, daß ihre Wirkung bei Vulkanbesteigungen immer wieder kraß unterschätzt wird und selbst elementare Sicherheitsmaßnahmen gegen Gasvergiftungen (z.B. das Tragen von Schutzmasken oder mindestens angefeuchteten Tüchern) häufig völlig außer acht gelassen werden.

◄ *Kanal mit schnellfließender Lava (Ätna)*

◄◄ *Von Lava geknickter Seilbahnmast (Ätna)*

◄◄◄ *Verschüttetes Haus (Ätna)*

Sicherheit

Die wichtigsten vulkanischen Gase sind Kohlendioxid, Fluor, Schwefelwasserstoff, Schwefeldioxid sowie Wasserdampf.

- Da **Kohlendioxid** schwerer ist als Luft, kann es sich unter bestimmten Bedingungen in gefährlichen Schwaden auf die Hänge des Vulkans ergießen. Eine Konzentration von 20 % Kohlendioxid in der Luft kann bereits tödlich wirken.
- **Fluor** ist ebenfalls ein starkes Gift und kann Wasser verseuchen.
- **Schwefelwasserstoff** erzeugt bei Reaktion mit dem Luftsauerstoff binnen kürzester Zeit eine sehr giftige Atmosphäre.
- **Schwefeldioxid** reagiert beim Kontakt mit Wasser zu Schwefelsäure. Im Gelände sind SO_2-Wolken an ihrer bläulichen Farber erkennbar.

Da vulkanische Gase ihre schädliche Wirkung in sehr kurzer Zeit entfalten, sollte man in der Nähe von Gas- oder Dampfaustritten möglichst eine Schutzmaske tragen.

! Sicherstes Zeichen dafür, daß etwas nicht stimmt, ist überraschende und abnormale Schläfrigkeit.

▼ Gasansammlung unterhalb des Stromboli-Gipfels. Hier eine Gasmaske zu tragen, ist keine Fehlentscheidung

018vu Abb. je

Wann die Gasmaske aufsetzen?

Einerseits besteht keine Veranlassung, an jeder Fumarole eine Schutzmaske zu tragen. Andererseits kann es für das Aufsetzen sehr schnell zu spät sein, wenn man erst einmal mitten in einer überraschend ausgetretenen CO_2-Wolke steht.

Die Entscheidung, wann eine Schutzmaske aufzusetzen ist, muß jeder für sich selbst treffen. Im Zweifel gilt: lieber einmal zu oft als zu spät.

019vu Abb.: je

Ca. drei Meter große Brotkrustenbombe am Vulcano (Äolische Inseln)

Vulkanische Niederschläge (Tephra)

Vulkanische Niederschläge, auch als „Airfalls", „Fall out" oder „Ejekta" bezeichnet, werden nach ihrer Korngröße klassifiziert. Man unterscheidet dabei Aschen (bis 2 mm), Lapilli (bis 64 mm) sowie Bomben und Blöcke (jeweils größer als 64 mm). Blöcke mit teils erheblichen Durchmessern sind dabei keine Seltenheit. Bei einem sehr heftigen Ausbruch des Stromboli am 11.09.1930 wurden bis 30 t schwere Blöcke zirka drei Kilometer weit geworfen. Auch der Vulcano ist für ähnliche Aktivitäten bekannt.

Vulkanische Aschen, die mit Asche im Sinne von Verbrennungsrückständen nichts gemein haben, können vor allem bei explosiven Eruptionen über ein viele Quadratkilometer großes Gebiet verstreut werden. Da sie überwiegend aus Glaspartikeln bestehen und deshalb eine hohe Dichte aufweisen, sind vulkanische Aschen häufig sehr schwer. Unter ihrem Gewicht können sogar Gebäudedächer zusammenbrechen (eine große Zahl der Opfer des großen Pinatubo-Ausbruchs vom Juni 1991 kam nicht durch die direkte vulkanische Aktivität ums Leben, sondern durch einstürzende Hausdächer).

! Da an tätigen Vulkanen stets die Gefahr besteht, von Ejekta verletzt zu werden, sollte ein Schutzhelm bei keiner Annäherung an einen tätigen Krater fehlen. Bei stärkeren Eruptionen besteht selbst in größerer Entfernung vom Krater die Gefahr, von Schlacken, Bomben und Lapilli getroffen zu werden.

Lahars

Das Wort „Lahar" ist indonesischen Ursprungs und bedeutet „Schlammstrom". Die sehr gefährlichen Schlammlawinen, entstehen aus dem Zusammenwirken von instabilem, vulkanischem Materials und Wasser, z.B. beim Abschmelzen der Eiskappe eines vergletscherten Vulkans infolge einer Eruption im Gipfelbereich.

Tödliche Schlammlawine
Eine 25 Meter hohe Schlammlawine zerstörte beim Ausbruch des Nevado del Ruiz in Kolumbien am 13.11.1985 die Stadt Armero. Dabei fanden 25.000 Menschen den Tod.

Man unterscheidet **heiße** (primär mit der Eruption in Verbindung stehende) und **kalte** (der Eruption nachfolgende) **Lahars.**

Bergstürze und Landrutsche

Sie ereignen sich in instabilen Gebieten der Vulkane. Die Kenntnis dieser Gebiete kann für den risikofreien Verlauf der Vulkantour von entscheidender Bedeutung sein. Da Bergstürze meist durch Verwitterung des vulkanischen Materials ausgelöst werden, muß man vor jeder Vulkantour vor allem das Klima, die Vegetation, das Gefälle und vorhandene Höhenunterschiede als Planungsfaktoren berücksichtigen.

! **Erdrutschgefährdete Gebiete sollten stets möglichst zügig, aber sehr vorsichtig durchquert werden.**

Tsunamis

Das Wort ist japanischer Herkunft und bedeutet „Hafenwelle“. Dabei handelt es sich um gewaltige Flutwellen vulkanischen oder seismischen Ursprungs. Sie werden durch abrupte vertikale Verschiebungen (Depressionen) des Meeresbodens ausgelöst und pflanzen sich mit zunehmender Wellenhöhe über dem ansteigenden Meeresboden fort. Dabei werden an den betroffenen Küstenabschnitten riesige Zerstörungen verursacht.

Krakatau-Ausbruch

Die durch den Ausbruch des Krakatau im Jahre 1883 verursachte Tsunami fegte mit 400 km/h und einer Gipfelhöhe von 40 Metern durch die Sundastraße und riß nach offiziellen Zählungen 36.417 Menschen in den Tod.

Druckwellen (Lateral Blast)

Druckwellen entstehen bei der plötzlichen Dekompression eines unter Hochdruck stehenden Magmas. Als Begleiter aller großen Vulkaneruptionen reicht die in ihnen gespeicherte Energie aus, um in kürzester Zeit große Gebiete dem Erdboden gleichzumachen. Am St. Helens wurde 1980 in wenigen Sekunden auf über 600 km^2 alles Leben ausradiert.

Restrisiko

Zusammenfassend läßt sich zu den Risiken und Gefahren der Vulkanerkundung sagen, daß von Vulkanen keineswegs immer lebensbedrohliche Gefahren ausgehen müssen. Eine gute Kenntnis des Gebietes, in dem man sich bewegt (Führer!), eine sorgfältige Vorbereitung der Tour und eine längere Beobachtung des Vulkans sind jedoch Voraussetzungen, um vor allem an abgelegeneren Vulkanen erfolgreich operieren zu können. Ein gewisses Restrisiko wird sich jedoch bei keiner Vulkantour völlig ausschalten lassen.

Risikofaktor Mensch

Ein wesentlicher Risikofaktor bei einer Vulkanbesteigung ist jedoch nicht der Vulkan selbst – es ist der Mensch. Nur er entscheidet über den Aufstieg und die Wahl seiner Route. Er legt den Tag fest, an dem er losgeht, und er allein entscheidet, wie weit ihn sein Aufstieg führt.

Aus den für verschiedene Vulkane veröffentlichten Unfallstatistiken geht hervor, daß die allermeisten Todesopfer bei Vulkanerkundungen nicht auf die direkten Einwirkungen des Vulkans zurückzuführen sind. Vielmehr zählen Leichtsinn, Panik, unkontrollierte Handlungen und zielloses Herumirren bei schlechten Sichtverhältnissen oder bei Nacht und in meist unbekanntem Gelände sowie unangepaßte Kleidung und Ausrüstung zu den Hauptunfallursachen.

Anders formuliert: Was haben 150 Leute zur gleichen Zeit am Zentralkrater des Ätna zu suchen? Wieso biwakieren immer noch Schulklassen am Torione-Grat des Stromboli? Was soll der alljährlich von der Stadt Legaspi veranstaltete Massenaufstieg „On to Mayon!“ am gefährlichsten Vulkan der Philippinen? Warum werden Touristen, die zuvor noch nie einen Eispickel in den Händen hielten, auf den Cotopaxi geschleppt?

020vu Abb: je

▶ *Hoffentlich geht alles gut!*

Sicherheitsmaßnahmen

Sie haben die Gefahren, die von einem Vulkan ausgehen, jetzt kennengelernt. Man kann sie wie folgt zusammenfassen:

- **mechanische Gefahren:** Steinschlag, Druckwelle;
- **thermische Gefahren:** Berührungshitze, Wärmestrahlung;
- **chemische Gefahren:** Säuren, Gase.

Im folgenden soll dargelegt werden, wie man sich vor diesen Gefahren schützen kann.

Gefahrenzone

Vulkanausbrüche können eine ernste Bedrohung des Lebens und der Gesundheit der in der Nähe befindlichen Menschen bedeuten.

! **Bei einer heftigen vulkanischen Eruption besteht der beste Schutz deshalb darin, sich möglichst rasch aus der unmittelbaren Gefahrenzone zu entfernen bzw. sich erst gar nicht in ihr aufzuhalten.**

Verletzungsgefahren

Die vorhandenen Gefahrenzonen werden bei Vulkanausbrüchen von den örtlichen Behörden bekannt gemacht. Sie sind unbedingt zu respektieren. Beim Ausbruch des Mount St. Helens im Mai 1980 kamen die meisten der ohne Genehmigung in der unmittelbaren Gefahrenzone verbliebenen Menschen ums Leben.

Exkursionen in geothermisch aktive Gebiete erfordern aufgrund der Unberechenbarkeit des aktiven Vulkanismus naturgemäß eine relativ große Vorsicht. Neben der Einhaltung allgemeiner Vorsichtsmaßregeln (siehe: „Regeln zum Verhalten auf tätigen Vulkanen") ist es notwendig, über die Aktivität des besuchten Vulkangebietes Bescheid zu wissen, um eventuell auftretende Gefahren rechtzeitig erkennen zu können.

Trotzdem sind auch bei größter Vorsicht Unfälle und **Verletzungen** nie völlig auszuschließen. Hierzu zählen vor allem:

- **Kopf- und Gesichtsverletzungen** durch ausgeworfene Schlakken, Lapilli und Bomben,
- **Brandverletzungen** beim zu engen Kontakt mit Lava und heißen Gasen bzw. Dämpfen oder dem Einbruch des Bodens in geothermalen Zonen bzw. sogenannten „Mudpools",
- **Schnittwunden** nach Stürzen auf Lavafeldern und in Gletscherspalten,
- **Verätzungen und Verbrennungen der Atemwege** durch das Einatmen säurehaltiger Gase und heißer Asche,
- **Verbrennungen und Verätzungen der Haut** beim direkten, ungeschützten Kontakt mit den Säuren in Kraterseen (pH-Wert häufig unter 1!),
- **Ohrverletzungen** durch die Druckwelle und den Knall sehr heftiger Eruptionen.

Umweltschutz unterwegs
Jeglicher Müll ist vom Berg wieder mit ins Tal zu nehmen! Alle nicht verrottbaren Materialien sollten nach der Tour umweltgerecht entsorgt werden. Falls Feuer gemacht werden muß, sollten dafür keine Bäume gefällt werden. Es ist darauf zu achten, daß keine Brandgefahr von der Feuerstelle ausgeht.

Gegen diese Verletzungsgefahren kann man sich aktiv und passiv schützen. Im Kapitel „Ausrüstung" wurden bereits die sicherheitsrelevanten Ausrüstungsgegenstände vorgestellt. Der beste Schutz besteht natürlich darin, vulkanischen Gefahren, wo immer dies möglich ist, auszuweichen. „Heldentum" oder tollkühnes Verhalten ist auf tätigen Vulkanen unangebracht!

Regeln zum richtigen Verhalten auf tätigen Vulkanen

- ***Genügend Wasser und Proviant*** *auf die Tour mitnehmen.*
- ***Ausrüstung gewissenhaft zusammenstellen*** *und checken.*
- ***Wind- und wasserabweisende Kleidung*** *tragen. An tätigen Kratern stets einen* ***Steinschlaghelm tragen.***
- ***Nie allein auf einen Vulkan steigen,*** *sondern nach Möglichkeit einen ortskundigen Führer konsultieren und jemanden (Nationalparkbehörde, Polizei, Hotel) über den Aufstieg und die geplante Dauer der Tour unterrichten.*
- *Bei sich andeutender* ***Wetterverschlechterung*** *nicht aufsteigen.*
- ***Niemals leichtsinnig handeln*** *oder gar als Mutprobe zu dicht an den Krater oder einen Lavastrom herantreten, da man leicht eingeschlossen oder von Steinschlag getroffen werden kann.*
- *Immer ausreichenden* ***Abstand zum Krater wahren*** *und nicht in der Dunkelheit am Kraterrand herumspazieren.Kraterränder bestehen in der Regel aus lose verbackenem Aschen-, Tuff- und Lapillimaterial und sind oft überhängend.*
- ***In geothermalen Zonen*** *besondere Vorsicht walten lassen, da der Boden leicht einbricht.*
- *Große Vorsicht bei* ***niedergedrückten Gasansammlungen*** *(vorsorglich Maske tragen!).*
- ***Niemals in ausgetrockneten Bach- oder Flußläufen zelten,*** *da sich diese - ohne daß man die Ursache hierfür mitbekommt - in Sekunden mit reißenden Wassermassen oder Lahar füllen können.*
- ***Nie überstürzt handeln,*** *z.B. um Zeit einzusparen.*
- ***Mit den Kräften haushalten,*** *um im Fall der Gefahr schnell flüchten zu können.*

Verhalten bei Eruptionen

Einen Vulkanausbruch mitzuerleben, gehört sicher zu den faszinierendsten Erlebnissen, die die Natur uns bieten kann. Bei plötzlichen Eruptionen kann es jedoch auch ganz böse Überraschungen geben.

Wenn man über die Gefährlichkeit von Vulkanausbrüchen spricht, muß man zunächst wissen, mit **welcher Art von Vulkan** man es zu tun hat. Hierbei ist zwischen vorwiegend lavafördernden (effusiven), gemischt effusiv und explosiv tätigen Vulkanen und überwiegend explosiv tätigen Vulkanen zu unterscheiden.

Bei den **lavafördernden Vulkanen,** zu denen der Ätna, aber auch die Feuerberge Hawaiis zählen, muß ein Ausbruch nicht zwangsläufig mit einer lebensbedrohlichen Situation einhergehen.

Anders bei den **explosiven Vulkanen,** die bei ihren Ausbrüchen nur sehr wenig Lava, dafür aber gewaltige Mengen an Asche und Bimsstein fördern (z.B. Vesuv, Pinatubo). Wenn diese Vulkane ausbrechen, besteht in einem relativ weiten Umkreis akute Lebensgefahr.

Der glückliche Ausgang beim Ausbruch des Mayon (siehe Exkurs) ist keineswegs typisch. Bei entsprechender Nähe zu einem explosiv ausbrechenden Vulkan hat man im Falle einer überraschenden Eruption kaum eine Chance, lebend vom Berg herunterzukommen. „Nähe" ist dabei ein relativer Begriff. Am Mayon beträgt der Radius der (übrigens ziemlich dicht besiedelten) **Zone höchster Gefährdung** 6 Kilometer. Vor dem Ausbruch des Mount St. Helens wurde ein Gebiet mit einem Radius von 15 Kilometern gesperrt.

Viele Vulkanfreunde reisen der Ausbrüche wegen zu den Feuerbergen. Das ist eine Tatsache. Um die von den Eruptionen ausgehenden **Gefahren richtig einschätzen** zu können, ist es deshalb, wie eingangs bereits erwähnt, außerordentlich wichtig zu wissen, ob es sich um einen explosiven oder einen effusiven Ausbruch handelt. Neben der Fähigkeit, aus bestimmten äußeren Merkmalen der Eruption (Art und Form der Eruptionssäule, Art des Airfalls, Auftreten von Glutlawinen, Auftreten von Lavafontänen usw.) Rückschlüsse auf den Charakter des Ausbruchs ziehen zu können, ist die Kenntnis der Geschichte und des Chemismus des Vulkans hierbei von entscheidender Bedeutung.

Flucht vor dem Mayon

Ein besonders schöner, wenn auch aufgrund der außerordentlich großen Unberechenbarkeit seiner Ausbrüche berüchtigter Vulkan ist der Mayon (Philippinen), dessen letzter großer Ausbruch am 24. Februar 2000 begann.
In Legaspi, der am Fuß des Mayon gelegenen Stadt, erzählen die Bergführer folgende Geschichte.
Es geschah am 2. Februar 1993. Der Guide Ento war mit zwei Gästen am Mayon unterwegs. Sie befanden sich gerade kurz unterhalb des Knife Edge, also der Stelle, von der aus man zum erstenmal in den Krater blicken kann, als der Vulkan ausbrach. Die drei rannten um ihr Leben und erreichten das Dorf gerade noch rechtzeitig, kurz bevor eine große Glutwolke den Buang Gully hinunterrauschte. Für den gesamten Abstieg benötigt man normalerweise mindestens zwölf Stunden. Die drei schafften es in gerade einmal vier.

021vu Abb.: je

◄ *Guide Ento*

022vu Abb.: je

▼ *Majestätisch ragt der Mayon aus der Ebene auf*

Explosive Eruptionen

Falls man das Pech hat, auf Tour von einer explosiven Eruption überrascht zu werden, gibt es nur eines: so schnell als möglich fliehen. Dabei sollte man nicht zaudern, den teuren Rucksack ins nächste Gebüsch zu schmeißen. Eine neue Ausrüstung kann gekauft werden, ein neues Leben nicht.

Vor allem ist es wichtig, Canyons und Lavarinnen zu meiden, da in diesen die berüchtigten Glutwolken niedergehen und sich Lahars zu Tal wälzen.

Trotz der sich verständlicherweise breitmachenden Angst muß man versuchen, den Überblick zu behalten. **Steilhänge und abschüssige Flanken sind wegen Absturzgefahr zu meiden.** Glück hat, wer auf einem steilen Aschefeld ins Tal rennen kann. Leider gibt es die nicht an allen Vulkanen.

Dem meist schon kurz nach der Eruption einsetzenden ↗Ascheregen kann man ausweichen, indem man sich nach der dem

Tödliche Unfälle

Im Juni 1991 kam das französische Vulkanforscherehepaar Katia und Maurice Krafft gemeinsam mit dem amerikanischen Vulkanologen Harry Glicken (der mit viel Glück den Ausbruch des Mount St. Helens im Mai 1980 überlebt hatte) am Unzen-Vulkan in Japan ums Leben. Die drei wurden gemeinsam mit 40 Journalisten von einer Glutwolke erfaßt und getötet. 1993 starben zwei Vulkanologen im Krater des Guagua Pichincha (Ecuador) bei einer Gaseruption. Ebenfalls 1993 traf es sechs amerikanische Vulkanologen am Galeras (Kolumbien). 1991 brach ein russischer Geologe am Mutnowskij-Vulkan auf Kamschatka in den Boden ein und stürzte in heiße Schwefelsäure.

„Zahme" Vulkane

Aber auch relativ „zahme" Vulkane sind stets für Überraschungen gut, wie die Geschehnisse am Kanlaon (Philippinen) vom 10.8.1996 beweisen. Damals tötete eine 24 Minuten andauernde, überraschend einsetzende, jedoch vergleichsweise „harmlose" Ascheneruption drei am Krater befindliche Bergsteiger. 18 Personen wurden verletzt und zwar überwiegend durch den Steinschlag. Keiner der Betroffenen trug einen Schutzhelm.

Wind zugewandten Seite des Berges orientiert. Da sich die Asche üblicherweise im Lee abregnet, wird auf der Windseite auch die Sicht besser sein.

Wenn möglich, gegen den Wind rennen! Unbedingt Helm aufsetzen!

Falls der Vulkan eine Pause macht, um „Luft zu holen", sollte man diese nutzen und mit verdoppelten Kräften flüchten. Keinesfalls wieder aufsteigen, etwa um Fotos zu machen. Es könnten durchaus die letzten sein, denn vor allem bei ↗paroxysmalen Eruptionen, die charakteristisch für die Ring-of-Fire-Vulkane sind, übertrifft der folgende Eruptionszyklus seinen Vorgänger häufig an Heftigkeit.

Ascheregen (Airfall)
Vulkanische Asche, die während einer Eruption niedergeht. Das vom Airfall betroffene Gebiet kann beträchtliche Ausmaße besitzen.
Airfall-Ablagerungen bilden gut sichtbare Wechsellagerungen mit Lavaströmen, wie im Foto unten gut zu erkennen (Mayon).

023vu Abb.: je

Sicherheit

Ich weiß: Das alles ist Theorie. Nur wenige haben eine sich in nächster Nähe ereignende explosive Eruption überlebt. Deshalb muß auf jeder Tour der Grundsatz gelten:

Paroxysmus:
Heftige, anfallsartige Steigerung der vulkanischen Aktivität. Tritt vor allem bei plinianischen Eruptionen auf.

Vorsicht und Rücksprache mit den für die Überwachung des Vulkans zuständigen Behörden sind unerläßlich, um aus den natürlichen Gefahren kein tödliches Risiko werden zu lassen.

Effusive und gemischt effusiv-explosive Eruptionen

Bei den effusiven Eruptionen sind die Chancen, mit heiler Haut davonzukommen, weitaus größer als bei den explosiven.

Typische effusive Ausbrüche kann man z.B. am Kilauea auf Hawaii beobachten. Aufgrund des hohen Gasgehaltes der sehr heißen Schmelze bilden sich bei Ausbrüchen dieses Vulkans gelegentlich hoch aufsteigende Lavafontänen, die ein sehr beeindruckendes Naturschauspiel abgeben und entsprechend viele Touristen anziehen. Auch am Ätna und am Pacaya in Guatemala konnten in jüngster Zeit sehr schöne Lavafontänen beobachtet werden, die auf eine gemischt explosive und effusive Tätigkeit zurückzuführen waren.

Effusive und gemischt effusiv/explosive Eruptionen sind meist dem hawaiianischen bzw. dem strombolianischen Ausbruchstyp (siehe „Eruptions-

▼ *Lavafontäne auf Hawaii*

024vu Abb.: tm

formen") zuzuordnen. Bei ihrem Auftreten besteht **keine akute Lebensgefahr** in der Nähe des Vulkans, was nicht damit verwechselt werden darf, sich dem Vulkan etwa zu stark oder vollkommen sorglos zu nähern.

Auch hier gilt es, den Vulkan bzw. die Austrittsquelle der Lava wenn möglich immer im Auge zu behalten und, wenn nötig, sofort den Rückzug anzutreten.

025vu Abb.: kj

Vulkanismus – Ursachen und Erscheinungen

Vulkanismus in Fragen und Antworten

Was sind Vulkane?

Woher stammt der Name Vulkan?
In der griechischen Mythologie war die Insel Hiera Sitz des Gottes Hephaistos, der tief im Inselinneren den Brustpanzer des Herkules und andere kostbare Waffen schmiedete. Die Römer nannten den Gott des Feuers Vulcanus und tauften die Insel nach ihm Vulcano. Eine der im Tyrrhenischen Meer gelegenen Eolischen Inseln trägt diesen Namen noch heute.

Vereinfacht ausgedrückt sind Vulkane Punkte, an denen neben Magma auch Gase und Wärmeenergie an die Erdoberfläche treten. Dabei muß ein Vulkan weder zwangsläufig ein Berg sein, noch muß er einen Krater besitzen. Die klassische, symmetrische Kegelform findet man meist nur bei den Stratovulkanen, die auch als Schicht- oder Kompositvulkane bezeichnet werden.

Wann gilt ein Vulkan als aktiv?

Holozän: *geologischer Zeitraum, der die letzten 10.000 Jahre umfaßt*

Die Antwort auf diese Frage hängt davon ab, wie man das Wort „aktiv" interpretiert. Etwa 550 Vulkane sind in historischer Zeit nachweisbar ausgebrochen, zirka 1300 während des ↗Holozäns. Da 10.000 Jahre, geologisch betrachtet, ein relativ kurzer Zeitraum sind, ist es keineswegs vermessen, all jene Vulkane als „aktiv" anzusehen, die während der letzten 10.000 Jahre einen Ausbruch aufzuweisen hatten, zumal die Phasen, in denen der Vulkan „schläft", mehrere Jahrhunderte oder sogar Jahrtausende andauern können.

Die Zahl der im Holozän aktiven Vulkane kann dabei mangels exakter historischer Aufzeichnungen natürlich nur geschätzt werden. Auch die Tätigkeit der submarinen Vulkane am Meeresboden ist noch relativ wenig erforscht.

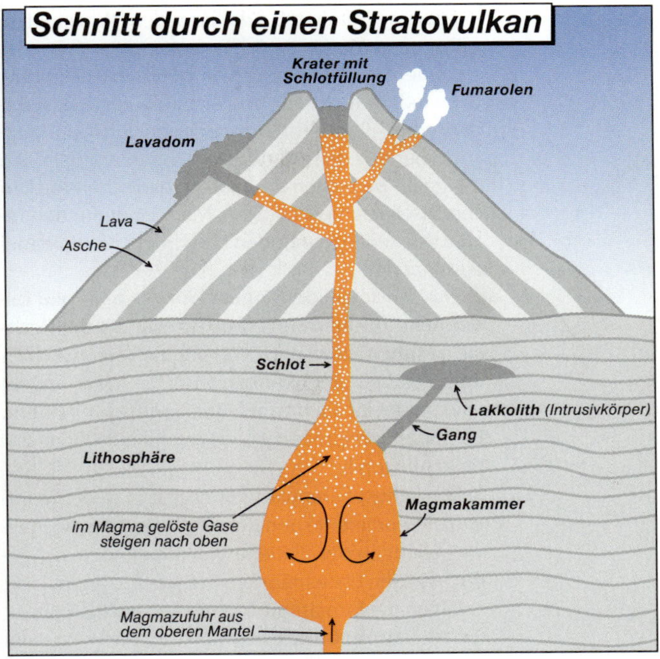

Wie kommt Vulkanismus zustande?

Die Frage, warum Vulkanismus und Erdbeben nicht gleichmäßig auf der Erde verteilt sind, führt uns zur ↗**Plattentektonik,** die uns wichtige Erklärungen über die Ursachen des Vulkanismus liefert. Vereinfacht ausgedrückt, beruht die Plattentektonik auf der weltweiten Bewegung der Lithosphärenplatten. Entdeckt und zunächst als „Kontinentaldrift" bezeichnet, wurden diese Vorgänge bereits 1912 von dem deutschen Meteorologen und Polarforscher Alfred Wegener (1880–1930).

Tektonik:
Unter Tektonik versteht man Deformationen und Massenbewegungen eines Planeten, die von in seinem Inneren wirkenden Kräften hervorgerufenen werden.

Die im Erdmantel zirkulierenden **Wärmeströmungen** erzeugen in der „angekoppelten" Erdkruste eine Aufspeicherung von potentieller Energie, die wiederum zu sehr langsam ablaufenden, systematischen Gesteinsdeformationen führt. Im Aufstrombereich der Wärmeströmungen dringt in den zentralen Bereichen der mittelozeanischen Rücken spezifisch leichteres, heißes Material durch den relativ dünnen Ozeanboden und drückt diesen dabei auseinander.

Das aufsteigende Magma kühlt sich ab und bildet neue ozeanische Kruste. Dieser als **Seafloor-spreading** bezeichnete Vorgang ist verantwortlich dafür, daß die Kontinentalplatten ihre Lage sowohl zueinander als auch zum Erdmagnetfeld verändern. Das Seafloor-spreading ist die treibende Kraft der Plattentektonik.

Die Lithosphärenplatten selbst sind starr. Sie tragen die Kontinente und Ozeane. Nach den Modellvorstellungen der Plattentektonik befinden sich jedoch an den Plattenrändern **Schwächezonen.** Dort erfolgen Deformationen und „Verschluckungen" (Subduktion) von Krustenmaterial, und dort sitzt auch die Mehrzahl der auf der Erde vorhandenen

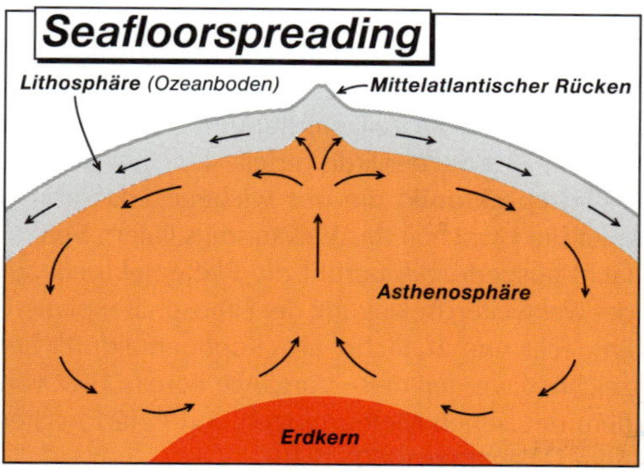

Subduktionszone

Konvergente Plattengrenze, an der schwere (basaltische) ozeanische Kruste unter leichtere (granitische) kontinentale Kruste abtaucht. Im Fall des Inselbogenvulkanismus findet die Subduktion allerdings zwischen ozeanischen Platten statt. Bei diesem Vorgang kann Material von der oberen Platte „abgehobelt" und auf den abtauchenden „Keil" der unteren Platte übertragen werden. Die Subduktionsgeschwindigkeiten entsprechen denen der Bildung neuer Kruste und liegen bei etwa 2 bis 10 cm jährlich.

Die Subduktion der Lithosphärenplatten vollzieht sich damit in etwa so langsam, wie ein Fingernagel wächst. In etwa 100 Kilometern Tiefe kommt es zur Aufschmelzung des hinabgedrückten Materials.

Da der ozeanische Basalt über sehr lange Zeiträume hinweg in Kontakt mit dem Meerwasser steht, weisen sowohl die Gesteine der in Ozeangebieten subduzierten Platten als auch deren Minerale ungewöhnlich hohe Wassergehalte auf. Im Zusammenhang mit der teilweisen Aufschmelzung dieser Krustenbereiche entsteht ein besonders heftiger, explosiver Vulkanismus.

▼ ** Subduktionszone, vereinfacht dargestellt am Beispiel eines vulkanischen Inselbogens (Japan, Philippinen, Indonesien)*

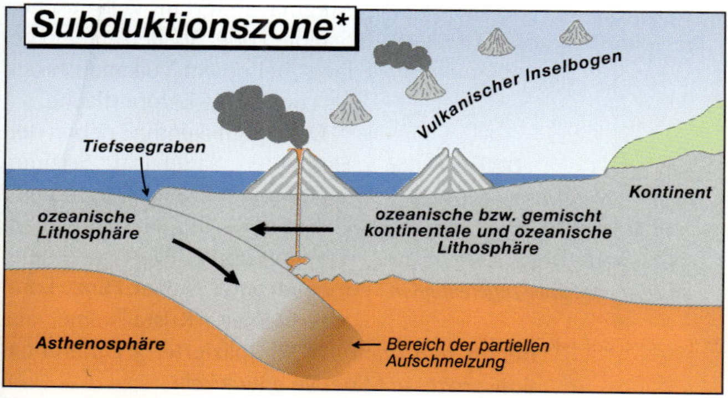

aktiven Vulkane auf. Die Feuerberge des „Ring of Fire", der größten zusammenhängenden Vulkanzone der Erde, sind entlang solcher Schwächezonen gruppiert. In diesen Randbereichen der Platten bilden sich ↗Subduktionszonen. Seafloor-spreading und Subduktion sind die beiden gegensätzlichen Hauptbestandteile der Plattentektonik.

Auch der ↗Hot-Spot-Vulkanismus, der von Hawaii, den Kanarischen Inseln, oder der Eifel her bekannt ist, kann mit der Plattentektonik erklärt werden.

Hot-Spot

Heiße Stellen im Erdmantel, die als Punkte oder Flecke auftreten. Durch die Wirkung der Hot-Spots kommt es zu partiellen Aufschmelzungen der Erdkruste. Driftet eine Kontinentalplatte über einem Hot-Spot hinweg, durchbohrt dieser die Platte wie eine Lötlampe. Im Ergebnis dessen bilden sich auf der driftenden Platte Vulkane. Über hundert bedeutende Vulkangebiete der Erde wie z.B. Hawaii, die Azoren, die Kanaren oder die Galápagosinseln sind auf die Wirkung solcher Hot-Spot-Förderschlote zurückzuführen.

Was ist Magma?

Das Magma ist eine in den Tiefen der Erde gebildete, heiße, aus ↗Silikaten bestehende **Gesteinsschmelze,** in der unter hohem Druck stehende Gase gelöst sind. Magma steigt in vulkanischen Schloten oder Spalten auf und gelangt bei einem Vulkanausbruch als Lava an die Erdoberfläche.

Das Magma enthält neben den Elementen Sauerstoff, Silizium, Aluminium, Eisen, Magnesium, Calcium, Kalium, Natrium, Titan, Mangan und einigen Spurenelementen auch Wasser. Hinzu kommen winzige Kristallkeime, aus denen sich während komplizierter ↗Differentiationsprozesse Minerale entwickeln.

Silikate

bestehen aus Silizium-Sauerstoff-Tetraedern, die auf verschiedene Weise miteinander vernetzt sind. Dabei sitzen die Sauerstoffatome an den Ecken, das (kleinere) Siliziumatom in der Mitte.

Differentiation

Spontane Aufspaltung eines Magmas in chemisch ungleiche Teile. Man unterscheidet die pneumatolytische und die gravitative Differentiation.

Wodurch wird das Magma gebildet?

Das Magma entsteht durch die Aufschmelzung von Gesteinskomplexen. Die hierfür verantwortlichen Prozesse verlaufen in Tiefen bis ca. 100 Kilometern.

Wie gelangt Magma an die Oberfläche?

Die meisten Magmen entstehen im oberen Erdmantel, der sogenannten Asthenosphäre, in ungefähr 40 bis 100 km Tiefe. Da das geschmolzene Material leichter ist als das Umgebungsgestein, dringt es durch Spalten im Gestein nach oben, ungefähr so, wie Öl im Wasser aufsteigt. In der Erdkruste sammeln sich in einem Tiefenbereich von ca. 30 km die aufsteigenden Magmablasen und bilden **Magmakammern.** Übersteigt der Druck in der Magmakammer die Festigkeit des darüber liegenden Gesteins, dringt das Magma weiter nach oben. Dies geschieht häufig im Bereich bereits vorhandener Spalten, die dabei erweitert und vergrößert werden. Schließlich erreicht das Magma die Erdoberfläche. Es kommt es zu einem Ausbruch.

Was geschieht, wenn das Magma im Schlot aufsteigt?

Im Magma sind unter hohem Druck stehende Gase gelöst. Da die Schmelze leichter ist als das Umgebungsgestein, neigt sie dazu, im Schlot oder entlang von Spalten an die Oberfläche zu steigen. Die dabei freigesetzte Energie verursacht vulkanische Beben, deren Schwingungen mit Hilfe von Seismometern aufgezeichnet werden können. Motor dieses Aufstieges sind die im Magma gelösten Gase. Wenn das Magma nach oben steigt, beginnt in einer Tiefe von etwa zwei Kilometern eine allmähliche Entmischung der Schmelze. Dieser Prozeß ist auf das sich bildende Übergewicht des Drucks der gelösten Gase gegenüber dem hydrostatischen Druck der Magmasäule zurückzuführen. Gasblasen werden frei und nehmen abrupt an Volumen zu, bis sie schließlich platzen und die Schmelze zerreißen. Dabei treten manchmal regelrechte **Lavafontänen** aus dem Vulkan aus, die Höhen bis 500 Meter erreichen können. In Abhängigkeit von der Stärke der Entgasung und dem Stand der Magmasäule im Schlot schwankt auch die Heftigkeit des Ausbruches sowie Höhe und Ausdehnung der ↗Eruptionswolke.

Eruptionswolke
Wolke aus vulkanischen Gasen (hauptsächlich Wasserdampf), Asche und Gesteinsfragmenten, die über dem Krater bzw. dem Schlot aufsteigt und bei ausreichendem Volumen bis in die Stratosphäre (ca. 40 km) aufsteigen kann.

026vu Abb: je

▶ *Heftige strombolianische Eruption des Ätna-Südost-Kraters im Juni 2000*

Schwache effusive Eruption des Stromboli (Eolische Inseln)

Worin besteht der Unterschied zwischen einer effusiven und einer explosiven Eruption?

Wichtig für das Verständnis des Vulkanismus ist die Tatsache, daß die Gase bei zähflüssigen Magmen explosionsartig entweichen. Hierbei wird die Schmelze zerfetzt und in Form von Asche und Bimssteinen oft kilometerhoch in die Atmosphäre geschleudert. Diesen Vorgang nennt man explosive Eruption. Weniger zähflüssige Magmen entgasen ruhiger. Hier verlaufen die Ausbrüche oft gemäßigt (effusiv). Magmen weisen in der Regel Temperaturen zwischen 650° C und 1.400° C auf.

Was ist Lava?

Als Lava bezeichnet man das an die Oberfläche gelangte, schon weitgehend entgaste Magma. Lava ist rot (manchmal sogar grau), wenn sie aus dem Schlot geschleudert oder gespritzt wird. Kühlt sie ab, wandelt sich ihre Farbe nach dunkelgrau, braun oder schwarz.

Sehr heiße, gasreiche Lava enthält reichlich Eisen und Magnesium. Solche Laven können wie Teer, ja sogar wie Wasser fließen (Hawaii, Réunion) und bilden oft lange Lavaströme.

Viskosität: *Fließfähigkeit*

Demgegenüber sind **an Siliziumdioxid (SO_2) reiche Laven** meist kühler und gasärmer. Sie enthalten jedoch reichlich Natrium und Kalium. Ihre ➚Viskosität ist hoch, am ehesten Zahnpasta oder dickem Honig vergleichbar. Lavaströme bilden sie nur selten und wenn, dann sind diese ziemlich kurz.

Wesentlich häufiger als Lavaströme kann man an Vulkanen mit zähen Magmen ➚Lavadome und ➚Staukuppen beobachten.

Lavadom
Steilwandige Masse aus zähflüssiger Lava, die aus einem vulkanischen Schlot ausgetreten ist und diesen nach oben verschließt.

Staukuppe
Durch Stauung zähflüssigen Magmas im Schlot entstehender Lavapfropfen, der im Extremfall durch den Druck der im Schlot wirkenden Gase nach außen gepreßt werden kann.

Bild unten: Staukuppe in den Monts Dore, Zentralmassiv (Frankreich)

028vu Abb.: je

Was hält eine Eruption in Gang?

Man kann sich diesen Prozeß als eine Art **Kettenreaktion** vorstellen. Die Initialeruption erzeugt im Vulkaninneren einen Rückstoß, durch den die im unteren Teil des Schlotes befindlichen Gase teilweise wieder in Lösung übergehen. Sobald aber Magma ausgestoßen und somit der Auflastdruck der Magmasäule geringer wird, dehnt sich das Magma im Inneren des Vulkans erneut aus, steigt durch die treibende Wirkung der gelösten Gase nach oben und wird aus dem Schlot ausgeworfen.

Wie heiß ist Lava?

Zum Messen der Lavatemperatur gibt es speziell geeichte Geräte. Man kann aber allein schon von der **Farbe der Lava** auf ihre Temperatur schließen (Durchschnittswerte einer basaltischen Lava):

- dunkelrot 650° C
- hellrot 870° C
- gelblich 1100° C
- weiß 1260° C

Pahoe-hoe-Lava
fließt schnell und bildet im fast entgasten Zustand typische Strickformen

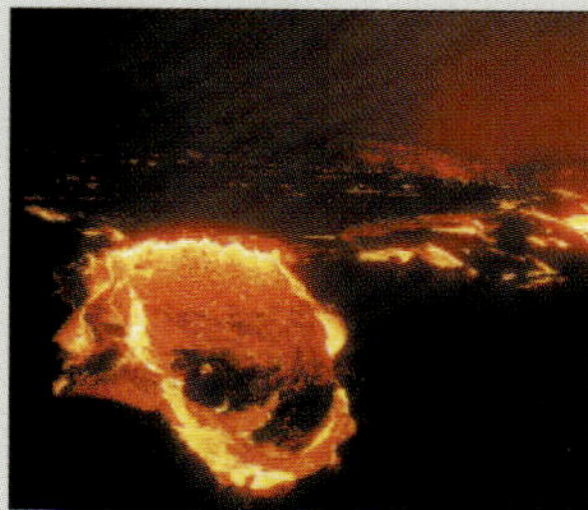

029vu Abb.: tm

030vu Abb.: tm

Wovon hängt die Fließfähigkeit der Lava ab?

Die Fließfähigkeit (Viskosität) der Lava hängt von der Hangneigung des Vulkans, von der Temperatur des Magmas, dem Gehalt an Kieselsäure (SiO_2), aber auch dem Gehalt an Alkalien (Natrium und Kalium) sowie ihrem Gasgehalt ab.

Aa-Laven besitzen z.B. 100mal so viele Feldspatkristalle wie ↗Pahoe-hoe-Laven. Aus diesem Grund fließen sie langsamer und neigen zu einer anderen, typisch gezackten Oberflächenstruktur.

Warum sind Vulkangesteine oft porös?

Das in der Lava enthaltene Gas läßt das Magma bei der Eruption infolge der Druckentlastung aufschäumen. Bei der Abkühlung des Gesteins bilden die entweichenden Gase Kammern und verursachen so die blasige Struktur des Gesteins.

Wovon hängt der Charakter einer Eruption ab?

Effusive und explosive Eruptionen wurden bereits erläutert. Die verschiedenen Eruptionsformen sind jedoch nicht nur auf den **Chemismus des Magmas** zurückzuführen, der sehr unterschiedlich sein kann. Ganz wesentlichen Einfluß auf den Charakter einer Eruption hat vor allem die **Geometrie des Schlotes.**

Bei Vulkanen, die einen sehr langen, schmalen Schlot besitzen (Durchmesser 60-70 m), wird das Magma, wenn tief im Vulkaninneren eine Verstopfung aufreißt, mit Schallgeschwindigkeit in die Atmosphäre geschleudert. Solche Eruptionen haben in der Regel plinianischen Charakter (siehe Tabelle Eruptionsformen). Man kennt sie von vielen explosiven Vulkanen, unter anderem dem Vesuv.

Welche Vulkantypen gibt es?

Maare
Mit Wasser gefüllter vulkanischer Sprengtrichter. Maare können mit Wasser, einem Schlackenkegel, einem Lavasee oder einer Kuppe gefüllt sein.

031vu Abb.: je

Im wesentlichen kann man **vier Hauptformen** der Vulkane unterscheiden:

- Stratovulkane,
- Schildvulkane,
- Spaltenvulkane und
- Calderen.

Daneben existieren eine Reihe von **Sonderformen,** wie ↗Maare, Schlackenkegel, Aschenvulkane, Gasvulkane, Stoßkuppen und Lavadome, kontinentale und ozeanische Plateau-Basalte sowie die submarinen Vulkane der Tiefsee. Schlacken- und Aschenkegel sind neben den Stratovulkanen die häufigsten Vulkanformen.

032vu Abb.: je

◀ *Schnitt durch einen Stratovulkan, hier der Mayon*

Stratovulkane

Die bekanntesten und schönsten Vulkane der Welt sind sogenannte Strato-, Komposit- oder Schichtvulkane, die sich durch eine zumeist sehr regelmäßige Kegelform mit mehr oder weniger steilen Flanken auszeichnen. Diese Stratovulkane verfügen über einen relativ einfachen Bau und sind aus Wechsellagen von Lavaschichten und Lockermaterialien (Asche, Sande, Lapilli, Bomben, Blöcke) zusammengesetzt. Manchmal sitzen sie auch auf älteren Vulkangebäuden auf, die eine andere Struktur haben können. Sehr schöne Beispiele dieses Vulkantyps sind der Fudjiyama in Japan und der Mayon auf den Philippinen (siehe Foto Seite 55).

Schildvulkane

Ein weiterer wichtiger Vulkantyp sind die aus Lavaschichten aufgebauten Schildvulkane. Charakteristisch für den Bau der Schildvulkane ist ihre sehr geringe Hangneigung.

Die berühmtesten Vertreter dieses Vulkantyps befinden sich auf Hawaii (Mauna Loa, Mauna Kea). Die **hawaiianischen Schildvulkane** sind im übrigen, von ihrem unter dem Meer gelegenen Fuß aus gemessen, die höchsten Berge der Welt und überragen sogar den Mount Everest um einige hundert Meter. An der über dem Meer liegenden Basis beträgt ihr Durchmesser ca. 250 Kilometer.

Der **Ätna** nimmt sich mit 60 Kilometern Basisdurchmesser demgegenüber fast wie ein Zwerg aus. Beim Ätna handelt es sich übrigens um einen Mischtyp der oben genannten Formen. Auf einem älteren Schildvulkan hat sich der jüngere, erst rund 3000 Jahre alte heutige Ätna-Stratovulkan errichtet.

Rift- oder Spaltenvulkane

Vertreter dieses Vulkantyps bilden sich zumeist radial an Störungszonen und fördern aus Spalteneruptionen häufig gewaltige Lavamengen. Solche Spalten findet man vor allem auf Island. Die **Laki-Spalte (Lakagigar)** auf Island hat im Jahre 1783 die größte Lavamenge in historischer Zeit geliefert. Die Schwefelgase und Aschepartikel führten zu einer deutliche Abkühlung des globalen Klimas um 2° C.

Auch das von Ostafrika über das Rote Meer bis zum Rheingraben reichende Rift ist eine ständige Quelle vulkanischer Aktivität.

033vu Abb: je

Caldera des Rinjani auf Lombok (Indonesien)

Calderen

Calderen sind große Einbruchskessel über einer Magmakammer, die entweder durch den Abfluß des Magmas oder seinen Ausstoß in Form von Asche oder Bims entleert wurde. Als Calderen bezeichnet man Krater mit einem Durchmesser von mindestens 1,5 Kilometern. Viele explosive Stratovulkane, wie der Somma-Vesuv, besitzen eine **Gipfelcaldera.** Wenn der Boden der Caldera durch wiederaufsteigendes Magma aufgewölbt wird, spricht man von ↗**resurgenten Calderen.**

resurgent: *(engl.) wiederauflebend*

Wodurch macht sich der Aufstieg des Magmas aus der Tiefe bemerkbar?

Wenn das Magma im Schlot aufsteigt oder in unterirdische Klüfte und Spalten dringt, schmilzt es das auflagernde Gestein teilweise auf. So bilden sich **Hohlräume,** die auch wieder zusammenbrechen. Hierdurch entstehen ↗Erdbeben, die keinen festen Rhythmus haben.

Mit Hilfe von Seismometern können die Erdbebenwellen aufgezeichnet werden. Aus der Tiefe des Bebenherdes kann auf die Tiefe des Magmaherdes geschlossen werden.

Starke seismische Unruhe und starke Oberflächendeformationen sind stets sichere Anzeichen für das Einströmen von Magma in relativ geringer Tiefe unter dem Vulkan.

Erdbeben

Beben vulkanischen Ursprungs werden wie folgt eingeteilt:

- *Hochfrequente A-Typ-Beben (Frequenz: 5-15 Hz);*
- *Niederfrequente B-Typ-Beben (Frequenz: 1-5 Hz);*
- *durch Explosionen hervorgerufene Beben und Tremors (Frequenz: meist 2-3 Hz).*

Während hochfrequente Beben aufgrund von Scherspannungen im Gestein auftreten, weisen niederfrequente Beben auf Bewegungen von Magma und/oder Gasen in den Gängen bzw. im Schlot hin. Tremors können Minuten oder sogar Tage andauern.

Wie groß können vulkanische Eruptionen werden?

Die Größe bzw. Heftigkeit von Vulkanausbrüchen wird mit Hilfe des **VEI (Volcanic Explosivity Index)** bestimmt. Der Index beschreibt sowohl das Volumen des Ausbruches (Magnitude) als auch die Höhe der Eruptionswolke (Intensität). Der Index einer VEI-4-Eruption steht beispielsweise für ein Volumen an ausgeworfener ↗Tephra von 0,1-1 km³ und einer Höhe der Eruptionswolke zwischen 10 und 25 km.

Tephra
Vulkanische Lockermaterialien aller Art (jedoch keine Lava), die sowohl durch die Eruption direkt als auch den „Airfall" gebildet werden.

034vu Abb.: je

Eruptionsstärke

VEI	Definition	Höhe der Eruptionswolke
0	*effusiv*	*bis 100 m*
1	*mild*	*100-1000 m*
2	*explosiv*	*1-5 km*
3	*heftig*	*5-15 km*
4	*kataklysmisch*	*10-25 km*
5	*paroxysmal*	*<25 km*
6	*kolossal*	*<25 km*
7	*super-kolossal*	*<25 km*
8	*mega-kolossal*	*<25 km*

Nicht zu verwechseln mit dem VEI ist das **DRE (Dense Rock Equivalent),** eine Umrechnungseinheit, durch die das emittierte Volumen an Lockerstoffen auf feste Stoffe (Gestein = dense rock) im Verhältnis von ca. 1:5 umgerechnet wird.

Welche Ausbrüche waren die größten in historischer Zeit?

Diese Frage führt zurück auf die bereits aufgeworfene, nämlich wann ein Vulkan als aktiv anzusehen ist. Ganz sicher haben sich **in prähistorischen Zeiten** auf der Erde Vulkanausbrüche ereignet, die im Vergleich mit den größten uns bekannten historischen Eruptionen verschwindend klein anmuten.

Volumen	Eruptionsform	Häufigkeit	Beispiel
1000de m³	*hawaiianisch*	*täglich*	*Kilauea*
10.000de m³	*strombolianisch*	*täglich*	*Stromboli*
1.000.000 m³	*strombolianisch/ vulcanianisch*	*1 x wöchentl.*	*Galeras, 1992*
10.000.000 m³	*vulcanianisch*	*1 x jährlich*	*Ruiz, 1985*
100.000.000 m³	*vulcanianisch/ plinianisch*	*1 x pro Jahrzehnt*	*Galunggung, 1982*
1 km³	*plinianisch*	*1 x pro Jh.*	*St. Helens, 1980*
10-100 km³	*plinianisch - ultraplinianisch*	*1 x pro Jh.*	*Krakatau, 1883*
über 100 km³	*ultraplinianisch*	*1 x pro Jahrtausend*	*Tambora, 1815*
über 1000 km³	*ultraplinianisch*	*1 x in zehntausend Jahren*	*Yellowstone, vor 2 Mio. Jahren*

Quelle: Volcanoe World, http://volcano.und.nodak.edu

Die stärksten prähistorischen Ausbrüche waren wahrscheinlich:

Vulkan	**Alter**
Cerro Galán-Caldera (Argentinien)	*ca. 2,6 Mio Jahre*
Yellowstone-Plateau (USA)	*2 Mio Jahre*
Long-Valley-Caldera (USA)	*700.000 Jahre*
Toba (Indonesien)	*65.000 Jahre*

Im 18., 19. und 20. Jahrhundert gehörten folgende Ausbrüche zu den gewaltigsten bzw. in Bezug auf ihre Folgen zu den verheerendsten:

Eruption	**Jahr**	**Magnitude**	**Höhe der Wolke**	**Opfer**	**Haupt-Todesursache**
Awu (Indonesien)	*1711*	*6*	*30 km*	*3.177*	*Ascheregen, Hunger, nachfolgende Lahars*
Laki (Island)	*1783*	*um 4*	*20 km*	*11.000*	*Verhungern*
Unzen (Japan)	*1792*	*5,4*	*22 km*	*10.500*	*Pyroklastische Ströme, Lahar*
Mayon (Philippinen)	*1814*	*6,3*	*35 km*	*1.200*	*Pyroklastische Ströme, Druckwelle*
Tambora (Indonesien)	*1815*	*7,3*	*43 km*	*65.000 bis 92.000*	*Pyroklastische Ströme, Verhungern*
Galunggung (Indonesien)	*1822*	*6*	*30 km*	*4.011*	*Lahar*
Coseguina (Nicaragua)	*1835*	*6,5*	*35-40 km*	*unbekannt*	*unbekannt*
Awu (Indonesien)*	*1856*	*um 5*	*25 km*	*2.068*	*Ascheregen, Hunger, nachfolgende Lahars*

** Der Awu-Ausbruch 1856 ist wahrscheinlich eher einer Eruption des Parker-Vulkans auf der südphilippinischen Insel Mindanao zuzuschreiben.*
Quelle: Sigurdsson, „Encyclopedia of Volcanoes“, San Diego 2000, ergänzt

Wo steht der größte aktive Vulkan der Welt?

In Bezug auf den höchsten aktiven Vulkan gehen die Meinungen auseinander. Viele halten den **Cotopaxi** in Ecuador (5.911 m) für den höchsten.

Es gibt aber vor allem in Nordchile eine Reihe aktiver Vulkane, die höher als der Cotopaxi sind: Tacora (5.980 m), Guallatiri (6.071 m), San Pedro (6.145 m), Pular (6.233 m), Aracar (6.082 m), Lullaillaco (6.739 m) und Antofalla (6.100 m). Diese Vulkane waren im Zeitraum zwischen 1870 und

Krakatau (Indonesien)	*1883*	*6,5*	*25 km*	*ca. 36.000*	*Tsunami*
Taal (Philippinen)	*1911*	*5,5*	*25 km*	*1.335*	*Schlamm, giftige Gase, Druckwelle, Flutwelle*
Mont Pelée (Martinique)	*1902*	*4,8*	*10 km*	*ca. 30.000*	*Pyroklastischer Strom*
Katmai (Alaska)	*1912*	*6,5*	*25 km*	*keine, soweit bekannt*	
Santa Maria (Guatemala)	*1902*	*6,3*	*34 km*	*ca. 5.000*	*Pyroklastischer Strom*
Hibok-Hibok (Philippinen)	*1951*	*5*	*25 km*	*ca. 2.000*	*Pyroklastische Ströme*
Bezymianny (Kamtschatka)	*1956*	*5,3*	*36 km*	*keine, soweit bekannt*	
Agung (Indonesien)	*1963*	*6*	*35 km*	*1.600*	*Pyroklastische Ströme, Lahar, Airfall*
St. Helens (USA)	*1980*	*4,8*	*19 km*	*57*	*Pyroklastischer Strom, Ersticken*
Ruiz (Kolumbien)	*1985*	*4,3*	*27 km*	*25.000*	*Lahar*
Pinatubo (Philippinen)	*1991*	*6*	*35 km*	*ca. 350*	*Einsturz von Gebäuden*

1937 tätig. Auch der 6.000 Meter hohe Tupungatito bei Santiago de Chile hatte 1986 eine schwache Eruption. Der 5.967 Meter hohe Vulkan Sabancaya in Peru eruptierte zuletzt 1998, und selbst der fast 7.000 Meter hohe Ojos del Salado in der Atacama-Wüste weist noch schwache Fumarolentätigkeit auf.

Es ist also ein wenig voreilig, wenngleich sehr populär, den Cotopaxi als Spitzenreiter der hohen aktiven Vulkane anzusehen. In Bezug auf sein Volumen ist eindeutig der **Mauna Loa** (4.170 m) auf Hawaii der größte Vulkan der Erde.

Welche Vulkane sind die gefährlichsten?

Diese Frage läßt sich nicht pauschal beantworten. Viele Vulkane, die ziemlich unvermittelt sehr heftige Eruptionen lieferten, galten lange Zeit als untätig oder gar erloschen (z.B. Pinatubo, Tambora).

Gefährlich sind viele Vulkane des Ring of Fire, da das Magma hier sehr wasserhaltig und reich an Kieselsäure ist, die Vulkane ihre Ausbrüche oft nicht lange ankündigen und in ihrer Nähe sehr viele Menschen leben. Als Beispiele seinen der Merapi auf Java, der Unzen auf Kyushu (Japan) oder der Taal, ebenfalls auf den Philippinen, genannt.

035vu Abb: je

Da er seine Ausbrüche in der Regel nicht ankündigt, ist der Taal auf den Phillippinen einer der gefährlichsten Vulkane der Welt.

Können die Vulkanologen eine Eruption vorhersagen?

In vielen Fällen ist eine Vorhersage möglich. Was nicht immer bzw. nur selten gelingt, sind der genaue Tag und die Heftigkeit, mit der sich der Ausbruch ereignen wird.

Das beste Beispiel hierfür ist die Aktivität des **Vesuv.** Die Vulkanologen haben anhand der Geschichte seiner Eruptionen festgestellt, daß am Vesuv zwischen zwei Tätigkeitsphasen jeweils Ruhephasen von durchschnittlich 18 Jahren eingeschaltet waren. Der letzte Ausbruch des Vesuv ereignete sich 1944. Der nächste Ausbruch ist demnach bereits viele Jahre überfällig.

Da man weiß, daß die Ausbrüche des Vesuv meist sehr heftig verlaufen (plinianische Eruptionsform) und häufig mit der Bildung von pyroklastischen Strömen einhergehen, ist dies auch für die Zukunft anzunehmen. Keine guten Aussichten also für die Millionenstadt Neapel, die wie wilder Wein langsam, aber unaufhaltsam an den Hängen des Vulkans empor wächst.

Bei den Ausbrüchen des **Mount St. Helens** 1980 und des **Pinatubo** 1991, aber auch schon am **Ploski Tolbatschik** auf Kamtschatka im Jahre 1975 hatten die Wissenschaftler Glück, besser gesagt: Durch sorgfältige Beobachtung der genannten Vulkane, insbesondere durch eine exakte geodätische Vermessung und eine genaue Analyse der sich am Berg abspielenden Vorgänge gelang es tatsächlich, die Ausbrüche dieser Vulkane fast tagesgenau vorherzusagen.

Beim **Usu-Vulkan** auf der japanischen Insel Hokkaido gelang es den Wissenschaftlern sogar, den Ausbruch am 31.03.2000 fast auf die Stunde genau vorherzusagen.

Wie werden Vulkane überwacht?

In vielen bedeutenden Vulkangebieten gibt es **Observatorien,** die sich mit der Beobachtung der Vulkane beschäftigen. Das erste Observatorium dieser Art wurde 1841 am Vesuv errichtet. Wenig später folgten jene an der Montagne Pelée (1903) und auf Hawaii (1912). Weitere wichtige Observatorien befinden sich in Catania (Sizilien), in Vancouver, Washington (Cascades Volcano Observatory) und in Yogyakarta (Indonesien).

Die meisten Vulkane stehen **in Entwicklungsländern.** Viele von ihnen sind nach wie vor nur wenig erforscht. Oft fehlt das Geld, um eine systematische Überwachung dieser Feuerberge zu organisieren und die sehr teuren Überwachungsapparate anzuschaffen.

Tremor: *Beben*

Harmonischer Tremor
Kontinuierliche Freisetzung seismischer Energie, die mit dem Aufstieg einer Magmafront in Verbindung steht (Dauermikrobeben). Sicheres Zeichen für einen beginnenden Ausbruch.

Trotzdem leisten die Vulkanologen in jenen Ländern auch mit vergleichsweise bescheidenen Mitteln ganz Außerordentliches und sind häufig auch ohne Spezialtechnik in der Lage, verhältnismäßig sichere Prognosen über den Zustand und die Aktivität ihrer Vulkane abzugeben.

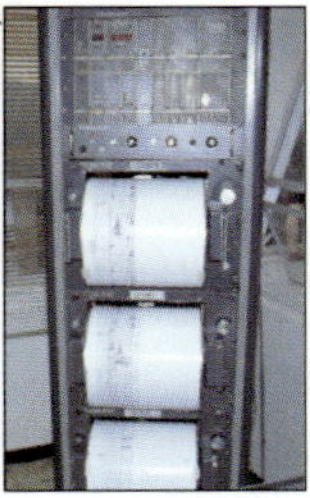
036cu Abb. je

▲ *Seismograph im Mayon-Observatorium*

Es gibt inzwischen eine Reihe von **Überwachungsverfahren.** Zu den wichtigsten gehören:
- die Beobachtung des Vulkans vom Boden und aus der Luft,
- die Aufzeichnung von ↗Tremors mit Hilfe von Seismometern,
- die Messung des Neigungswinkels der Vulkanflanken mit Klinometern,
- topographische und geodätische Geländevermessungen, womit die Gesamtdeformation des Vulkans über den Zeitraum mehrerer Jahre ermittelt wird,

- Messung des geomagnetischen Feldes,
- Messung von Temperaturschwankungen und der chemischen Zusammensetzung der vulkanischen Gase,
- Luft- und Satellitenüberwachung zur Erkennung von Wärmeanomalien.

Wodurch kündigen sich Vulkanausbrüche an?

Es gibt eine Reihe von Anzeichen, die Rückschlüsse auf einen drohenden Ausbruch gestatten. Neben der **Aufwölbung der Flanken** des Berges und dem Auftreten von in Richtung Krater wandernden **Erdbebenschwärmen** sind folgende Erscheinungen ziemlich zuverlässige Indikatoren für das Herannahen einer Eruption:

- Temporär auftretende und wieder vergehende **magnetische Anomalien** der bereits vorhandenen erkalteten magmatischen Gesteine. Wenn diese über einen bestimmten Punkt hinaus aufgeheizt werden, verliert sich ihr Magnetismus. Das gestattet Rückschlüsse auf das Herannahen einer Magmafront.
- **Temperaturvariationen von Fumarolen und heißen Quellen,** verursacht durch die sich aus dem Magma abscheidenden heißen Gase. Vor einer Eruption sind meist erhebliche Temperaturanstiege an Fumarolen bzw. bei Kraterseen zu beobachten.
- **Starke Zunahme des SO_2-Ausstoßes.**
- **Veränderungen der Gaszusammensetzung von Fumarolen.** Vor allem dem Verhältnis des Schwefel- und Chlorgehaltes der Gase scheint hierbei eine erhebliche Bedeutung zuzukommen.
- Auch eine **abnormale Konzentration von CO_2** in ausgeschiedenen Gasen deutet auf das Vorhandensein frischen Magmas in dem Vulkangebiet hin.

037vu Abb.: je

038vu Abb.: je

▲ Ein Ausbruch naht. Die beiden Aufnahmen entstanden innerhalb von drei Minuten.

- **Veränderung des pH-Wertes** von Quellen und Kraterseen in saure Richtung;
- Deutlich sichtbare **Farbveränderung der Rauchfahne des Vulkans.** Eine Verfärbung von weiß (viel Wasserdampf, wenig oder keine Asche) nach grauschwarz bis dunkelbraun (viel Asche und Schwefelgas) deutet auf einen hohen Stand der Magmasäule hin.

Dies sind einige, teilweise recht sichere Anzeichen für das Herannahen eines Vulkanausbruchs. „Recht sicher" bedeutet, daß der Vulkan trotz ihrer Präsenz nicht ausbrechen muß. Manchmal überlegt er es sich eben anders. Wie war das doch ...? Vulkane sind unberechenbar.

Können Vulkanausbrüche das Klima beeinflussen?

Ja und sogar recht bedeutend. Von einigen großen Vulkaneruptionen, wie denjenigen des Lakagigar (1783), des Tambora (1815), des Krakatau (1883), des Agung (1963), des El Chichon (1982) oder des Pinatubo (1991) – um nur einige zu nennen –, weiß man, daß diese Ausbrüche zu einem Absinken der globalen Jahresdurchschnittstemperaturen geführt haben. Im Jahre 1816 sanken die Temperaturen infolge des gewaltigen Tambora-Ausbruches 1815 (und des Mayon 1814 ?) sogar im Schnitt um drei Grad und führten in der nördlichen Hemisphäre zu dem berühmten „Jahr ohne Sommer".

Früher nahm man an, daß die in die Stratosphäre geschleuderte Asche hauptsächlich für die Reduzierung der Temperaturen verantwortlich sei. Erst durch die genaue Untersuchung der 1982 emittierten Aerosole des El Chichon (Mexico) erkannte man, daß es vor allem die im Ergebnis des Ausbruches zirkulierenden riesigen Mengen von Kohlendioxid und Schwefeldioxid sind, die diese Temperaturanomalien hervorrufen.

Positiver Nebeneffekt: Große Vulkanausbrüche können vorübergehend eine dem Treibhauseffekt gegenläufige Temperaturtendenz in der Atmosphäre erzeugen.

Welchen Nutzen haben Vulkane?

Abgesehen von der möglichen **Ausbeutung geothermaler Ressourcen,** besitzen vor allem vulkanische Böden eine außerordentlich große **Fruchtbarkeit** und geben somit einiges von dem, was die Vulkane bei ihren Ausbrüchen zerstören, in Form überreicher Ernten an den Menschen zurück. Nicht ohne Grund sind vulkanisch aktive Zonen häufig dicht besiedelt und werden selbst nach heftigsten Ausbrüchen immer wieder aufs neue urbar gemacht.

Auf Java gibt es einen Spruch: Stecke einen Stock in die Erde und er wird blühen – eine Tatsache, von der man sich auf Reisen zu dieser wunderbaren Insel überzeugen kann. Der Grund: Java liegt inmitten einer der aktivsten Vulkanzonen der Erde, in der sich etwa 20 Ausbrüche pro Jahr ereignen.

Auch für den **Tourismus** besitzen die Vulkane eine wachsende Bedeutung. Vulkanbergsteigen ist „in" – unter anderen Vorzeichen wäre dieser Führer auch gar nicht denkbar gewesen.

Eruptionsformen

Da nicht alle Vulkane auf die gleiche Weise ausbrechen, ist es notwendig, die wichtigsten Eruptionsformen zu kennen. Das Hauptproblem bei der Zuordnung bzw. Klassifikation der Eruptionsformen und -typen besteht darin, daß die unten genannten Eruptionsformen nur selten definitionsgemäß auftreten. Oft variieren sie an ein und demselben Vulkan von Eruption zu Eruption und können sogar während eines Ausbruches oder eines Eruptionszyklus wechseln und ineinander übergehen.

Man unterscheidet folgende Eruptionsformen, die typischen (klassischen) Ausbrüchen zugeordnet wurden.

Spaltentätigkeit

Effusive Förderung gewaltiger, sehr dünnflüssiger Lavamengen aus e i n e r Spalte. Deckenergüsse und Bildung von Schildvulkanen möglich.

Beispiel: Island (Laki-Spalte)

Lavasee-Tätigkeit (Hawaiianischer Vulkantyp)

Meist effusive Förderung großer Lavamengen aus Rifts (Spalten) bzw. Lavaseen; häufig mit Bildung von Schlacken- und Aschekegeln verbunden. Produktion meist langer Lavaströme, die schnell fließen und sehr heiß sind.

Beispiele: Hawaii (Kilauea), Ostafrikanischer Grabenbruch, Zentralafrika (Virunga-Vulkane), Piton de la Fournaise (La Réunion)

Strombolianische Tätigkeit

Rhythmischer Auswurf von Schlacken und Lavafetzen mit Wechsel von effusiven und explosivenAusbrüchen. Vulkane des strombolianischen Typs können auch paroxysmale Gipfeleruptionen erzeugen. „Strombolianisch" ist daher nicht zwangsläufig mit

▶ *Prinzipskizzen strombilianischer Tätigkeit*

„mild" gleichzusetzen. Produktion meist kurzer Lavaströme. Sprachlich exakt muß diese Tätigkeitsform übrigens „strombolisch" heißen.

Beispiele: Stromboli (Eolische Inseln, Italien), Yasur (Vanuatu), Semeru (Indonesien). Diese Vulkane sind daueraktiv.

Peléanische Tätigkeit

Benannt nach der Montagne Pelée und deren verheerendem Glutwolkenausbruch am 8. Mai 1902. Häufig mit Bildung pyroklastischer Ströme verbunden. Einsetzen kann diese Eruptionsform dann, wenn der Gasdruck in einem sauren Magma extrem ansteigt und eine seitliche Druckentlastung erfolgt (Lateraleruption).

Beispiele: Montagne Pelée (Martinique), Merapi (Indonesien)

Plinianische Tätigkeit

Explosiver Gipfelausbruch ohne Lava-Ausfluß. Eine sehr viskose, saure Schmelze kommt zur Explosion und bildet gewaltige, oft Dutzende Kilometer hohe Eruptionswolken, die kollabieren und pyroklastische Ströme verursachen können. Charakteristisch sind ein sehr enger Durchmesser des Kraters und eine hohe Austrittsgeschwindigkeit der Pyroklastika.

Beispiele: Vesuv (Italien), 79, Tambora (Indonesien), 1815,

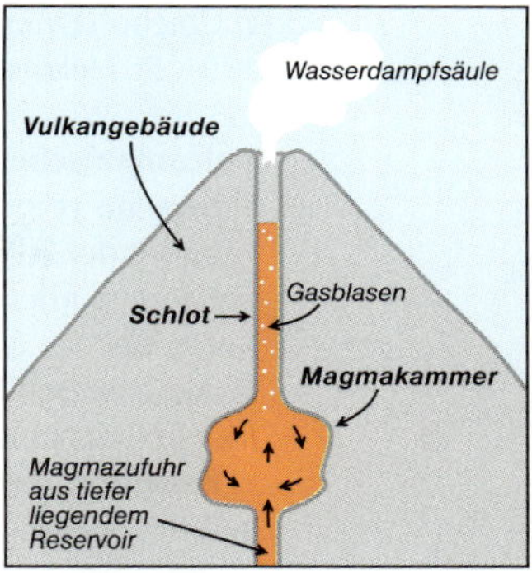

803vu

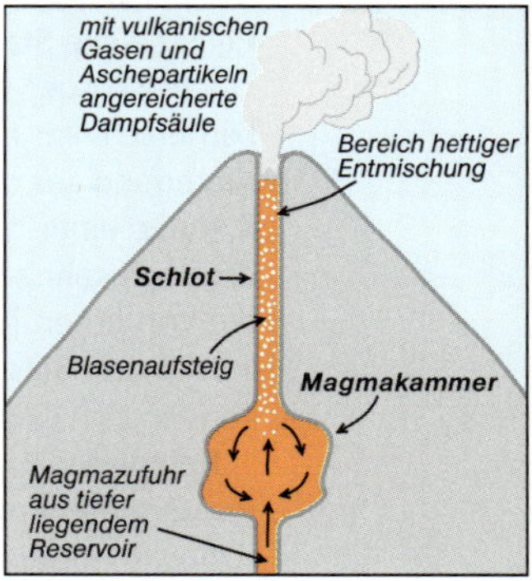

804vu

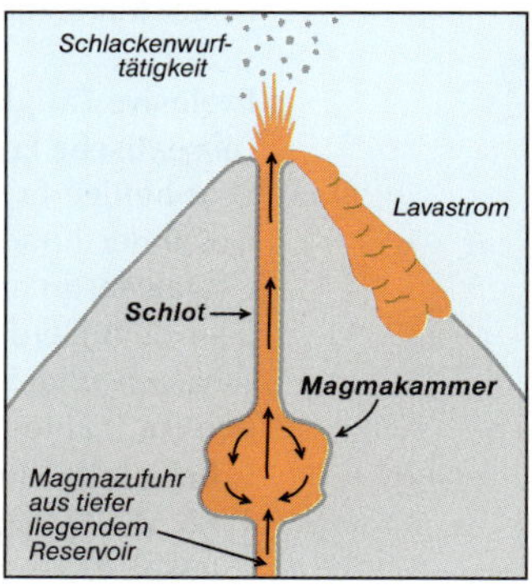

805vu

El Chichon (Mexico), 1982, Pinatubo (Philippinen), 1991, St. Helens (USA), 1980

Vulcanianische Tätigkeit

Schwache pilinianische Ausbrüche, die nach der Tätigkeit der Fossa des Vulcano (Äolische Inseln) so benannt wurden. Die Schmelze ist sehr viskos und sauer, bei der Eruption werden Asche, Schlacken, Brotkrustenbomben und Blöcke oft Hunderte von Metern hoch ausgeworfen. Keine Lavaströme.

Beispiele: Vulcano (Italien), 1888, Semeru (Indonesien), Sakura-jima (Japan), 2000

Peléanische Stoßkuppen und Lavadomtätigkeit

Hochviskoses Magma kann sich beim Verlassen des Förderschlotes nicht ausbreiten und steigt über den Kraterrand aus dem Schlot. Beim Erstarren der Lava Bildung einer Stoßkuppe. Weniger hochviskose, dennoch sehr zähe Magmen bilden oft Lavadome, die von innen her wachsen. Wenn der Lavadom, z.B. durch seismische Erschütterungen, abreißt, können sich Glutwolken bilden.

Beispiele: Puy de Dome (Frankreich, Zentralmassiv), Siebengebirge (Deutschland), St. Helens (USA), Merapi, Sinabung (Indonesien), Montagne Pelée (Martinique)

Explosive Tätigkeit mit Maarbildung (phreatische Eruption)

Sehr heftige Explosion durch Vorhandensein großer, unter hohem Druck stehender Gasmengen. Charakteristisch sind einmalige Entladungen, die die über dem Herd liegenden Gesteinsmassen durchschlagen und Sprengtrichter hinterlassen. Füllen sich die Trichter mit Wasser, entstehen Maare.

Beispiele: Eifel (Deutschland), Taal (Philippinen), 1965, White Island (Neuseeland), 1976-82, Ukinrek (Alaska), 1977

Calderenbildung

Entleerung der Magmakammer durch plinianische Eruptionen oder Ignimbritausbrüche mit nachfolgendem Einsturz des darüberliegenden Vulkangebäudes. Bildung eines Einsturzkessels. Eine „Hängecaldera" ist die Sciara del Fuoco am Stromboli.

Beispiele: Vesuv (Italien), Rinjani (Indonesien), Toba (Indonesien), Santorini (Griechenland)

Subaquatische und subglaziale Tätigkeit

Ausbrüche, die entweder unter Wasser (Bildung von Seamounts), bei direktem Kontakt des Magmas mit Wasser (phreatomagmatische Eruption) oder unter Gletschern stattfinden. Schmelzendes Gletschereis kann zu den gefürchteten Jökuhlhlaups führen, gewaltigen Schmelzwasserfluten, wie 1996 auf Island beobachtet.

Beispiele: Mittelatlantischer Rücken, Tyrrhenisches Meer, Katla (Island), Grimsvötn (Island), Gjálp (Island)

Vulkanische Förderprodukte

Man unterscheidet drei Gruppen vulkanischer Förderprodukte: gasförmige, flüssige und feste.

Gasförmige Förderprodukte

Dies sind Wasserdampf und Gase, die aus Fumarolen (siehe Seite 36), ↗Solfataren und ↗Mofetten sowie heißen Quellen und Geysiren austreten.

Da während einer Eruption gewaltige Gasmengen mit enormer Kraft ausgeworfen werden und sich ihr Bestand beim Kontakt mit dem Luftsauerstoff ändert, ist es schwierig, ihre Zusammensetzung direkt zu analysieren. Leichter gelingt dies an Fumarolen oder Kraterseen.

Mofetten: *Kühle Aushauchungen von Kohlendioxid*

Solfatare
Schwefelwasserstoff führende Fumarolen, die bei Temperaturen zwischen 95 °C und 119 °C nach folgender Formel elementaren Schwefel absetzen: $2\,H_2S + SO_2 = 2\,H_2O + 3\,S$. *Benannt nach ihrer Typuslokalität Solfatara bei Puzzuoli in Italien.*

039vu Abb.: je

Schwefelkristalle sind beliebte Sammlerobjekte

Flüssige Förderprodukte

Hierbei handelt es sich um Laven und heißes Wasser (bei den Geysiren). Während die Aa-Lava eine gezackte, unregelmäßige, scharfkantige Oberfläche besitzt, weist die Pahoe-hoe-Lava eine glatte, oft wulstige, strickartige Oberfläche auf. Als Viskosität der Lava wird ihre Fließfähigkeit bezeichnet. Sie ist unter anderem vom Gasgehalt, der Temperatur und dem Gehalt an Siliziumdioxid in der Lava abhängig.

Lockerstoffe (Pyroklastika)

Vulkanisches Lockermaterial wird nach seiner Korngröße in Klassen eingeteilt und als Tephra bzw. Pyroklastite bezeichnet:

Pyroklastika: *Gebildet aus den griechischen Wörtern: „pyros" (Feuer) und „klastis" (zerbrechen)*

Durchmesser	Bezeichnung	Verfestigte Form
< 2 mm	*Aschen*	*Aschentuff*
2-64 mm	*Lapilli*	*Tuffe*
> 64 mm	*Bomben*	*vulkanische Breccien*
(verformbare Lavafetzen und feste Gesteinsfragmente)	*Blöcke*	*vulkanische Breccien*

Als **Breccien** bezeichnet man Schlotfüllungen, die aus großen Blöcken alter Lava entstanden sind und bei einer Erst- oder Initialeruption, die den Schlot freiräumt, ausgesprengt werden. Die durch Explo-

Schweißschlacken dieser Größe stellen eine beträchtliche Gefahr dar

sionen alten Materials entstandenen Breccien am Vulcano belegen dies recht eindrucksvoll.

Weitere vulkanische Förderprodukte sind **Bimsstein** (stark aufgeblähte, glasige Magmafetzen) und **Ignimbrite** (Schweißtuffe, die sich vor allem bei Glutwolkenausbrüchen absetzen). Auch **Wurf- und Schweißschlacken,** die man unter anderem am Stromboli häufig beobachten kann, zählen zu den Förderprodukten.

Schließlich rechnet man auch **Schlammströme** (isländisch „hlaup", indonesisch „lahar") und **Palagonite** (auch Hyaloklastite – submarin oder subglazial ausgeworfene Pyroklastika) zu den vulkanischen Förderprodukten.

041vu Abb.: je

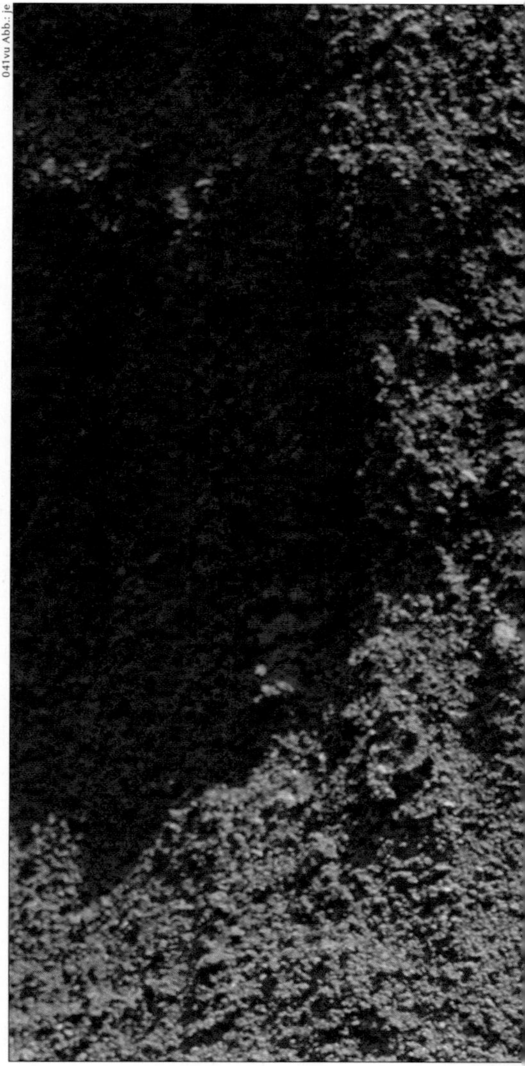

Im Gelände

Vulkanische Gesteine und ihre Minerale

Entstehung und Zusammensetzung

Vulkanische Gesteine, auch Ergußgesteine genannt, entstehen, wenn Lava an der Erdoberfläche erstarrt oder wenn bei Eruptionen Bimssteine, Schlacken und Aschen ausgeworfen werden. Wie auch die anderen Gesteine magmatischen Ursprungs, die man als Plutonite (Tiefengesteine) und Ganggesteine bezeichnet, entstehen die Vulkanite durch Kristallisation und Abkühlung des Magmas.

Ausgehend von der chemischen Zusammensetzung und ihrem Mineralbestand, kann jedem Vulkangestein ein Tiefengestein zugeordnet werden. Die Unterscheidung erfolgt in der Regel (grob) nach dem SiO_2-Gehalt (Kieselsäuregehalt).

SiO_2-Gehalt in Prozent	**Vulkanit (Ergußgestein)**	**Tiefengesteins-äquivalent**
<45	*Ultrabasite*	*Peridotit*
45-54	*Basalt*	*Gabbro*
54-62	*Andesit*	*Diorit*
62-70	*Dacit*	*Granodiorit*
>70	*Rhyolith*	*Granit*

Folgende Mineralgehalte sind für die meisten Vulkanite typisch:

Element	**Basalt**	**Andesit**	**Dacit**	**Rhyolith**
SiO_2	*45-54 %*	*54-62 %*	*62-70 %*	*>70 %*
Al_2O_3	*14-20 %*	*16-20 %*	*16-20 %*	*10-13 %*
MgO	*4-10 %*	*1,5-8 %*	*0,5-6 %*	*6-9 %*
CaO	*5-10 %*	*um 4 %*	*2,5-4 %*	*um 3 %*
K_2O	*0,6-2,5 %*	*1-2,5 %*	*1-2,5 %*	*4-5 %*
FeO total	*5 %*	*4 %*	*2 %*	*0,5 %*

042vu Abb.: je

043vu Abb.: je

▲ *Porphyrische Strukturen: links Dacit (vom Pinatubo), rechts Vesuvit (vom Vesuv)*

Vulkanische Gesteine besitzen meist eine sehr **charakteristische Oberflächenstruktur,** durch die sie relativ leicht von anderen Gesteinsformen zu unterscheiden sind. Jedem, der schon einmal ein Vulkangebiet besucht hat, werden die vielen porösen, oft blasig ausgeformten Gesteine aufgefallen sein – typische Vulkanite.

Aber auch **porphyrische Gesteinsstrukturen** sind leicht zu identifizieren. Hierbei „schwimmen" relativ große Einzelminerale (sogenannte Phänokristalle) in einer dichten, oft glasigen Grundmasse (Matrix). Aber auch völlig glatte Gesteine vulkanischen Ursprungs, in die sogar farbige Glasschlieren eingebettet sein können, kommen vor.

Interessant ist, daß innerhalb eines einzigen Vulkankomplexes eine ganze Reihe von Magmen bzw. **Laven mit unterschiedlicher chemischer Zusammensetzung** vorkommen können. Dies hat seine Ursache zum einen in verschiedenen, schon bei der Bildung der Magmen ablaufenden Differentiationsprozessen. Zum anderen schwankt in jedem Magma der Gehalt an Alkalien (Na, K) sowie Eisen, Aluminium und Calcium jeweils in Abhängigkeit von dessen Kieselsäuregehalt.

▶ Fließtexturen zeigen die plastischen Verformungen des Gesteins.

Ferner tendiert jedes Magma dazu, sich mit Alkalien, Siliziumdioxid und Eisen anzureichern. Aber es gibt auch Entwicklungen in umgekehrter Richtung. Der Stromboli beispielsweise hat sich vo einem relativ sauren Vulkan, der Rhyodacite förderte, zu einem basischen Vulkan, der Latitbasalte fördert, entwickelt (Krafft, 1984, S. 102; Pichler, 1990, S. 47).

Reichert sich das Magma bis zu einem gewissen Sättigungspunkt mit flüchtigen Verbindungen (Gasen) an, wird der Druck in der Magmakammer zu groß und das Magma beginnt zur Erdoberfläche aufzusteigen. Hierbei kann es **durch Aufschmelzungen von Umgebungsgestein verunreinigt** (kontaminiert) werden. Typischer Hinweis auf derartige Assimilationsprozesse sind die vor allem in basaltischen Laven zu findenden ↗Xenolithe von Fremdgestein. Manchmal verharrt das Magma bei seinem Aufstieg in einem oberflächennahen Zwischenreservoir, wo weitere Differentiationsprozesse stattfinden können.

Xenolith: *Fremdeinschluß in magmatischen Gesteinen. Indiz auf Herkunft eines Gesteins aus großen Tiefen (oberer Mantel).*

Wie alle anderen magmatischen Gesteine, enthalten auch die Gesteine vulkanischen Ursprungs vielfältige **Minerale.** Allerdings werden die Minerale in den Vulkaniten aufgrund der kürzeren Abkühlungszeit des Magmas bei weitem nicht so groß wie in einem Tiefengesteinskörper.

▶▶In vielen Basaltgebieten findet man solche „Orgelpfeifen"

Die Minerale entstehen jedoch nicht spontan oder planlos, sondern werden im Magma nach bestimmten Gesetzmäßigkeiten gebildet.

In der Vulkanologie bezeichnet man diese Vorgänge als fraktionierte, d.h. **schrittweise Entstehung der Minerale.** Diese ist an den Temperaturverlauf des Magmas gekoppelt. Die Magmakammer unterliegt Druck- und Temperaturschwankungen, z.B. durch Druckentlastungen beim Aufreißen unterirdischer Spalten oder durch Wärmeverlust beim Kontakt des Magmas mit dem Umgebungsgestein. Bei etwa 1200° Celsius kommt es schließ-

▶▶▶Viele Basalte und Andesite weisen eine typische Lochstruktur auf.

▶▶▶▶ Schichtungsgefüge von Aschen und Bims

lich erstmals zur Bildung von Mineralen aus dem Magma. Diese sind verhältnismäßig schwer (Olivin, Pyroxen) und neigen dazu, sich am Boden der Kammer anzusammeln. Bei fortschreitender Abkühlung bilden sich schließlich Minerale, die spezifisch leichter sind als das Magma (z.B. Feldspäte). Diese steigen nach oben und können an der Oberfläche des Magmas einen regelrechten Mineralschaum bilden.

044vu Abb.: je

045vu Abb.: je

Merkmale magmatischer Gesteine

Magmatische Gesteine erkennt man im Gelände u.a. an folgenden Merkmalen:

- einer deutlichen **Fließtextur,**
- an deutlich sichtbar **geklüfteten Strukturen** (z.B. Basaltsäulen, „Orgelpfeifen"),
- an einer ausgeprägten **Kavernösität** (Löchrigkeit, Porösität) des Gesteins,
- an einer typisch **porphyrischen Struktur** des Gesteins (große Einsprenglinge in einer feinkörnigen Matrix), s. Abb. Seite 95.
- Auch typische **Schichtungsgefüge** weisen darauf hin, daß die Gesteine an dieser Stelle durch vulkanische Vorgänge abgelagert wurden.

046vu Abb.: je

047vu Abb.: je

Anschnitt der Basis eines pyroklastischen Stroms. Charakteristisch die ungeordnete Lagerung von Bimssteinen unterschiedlicher Größe.

048vu Abb. je

Anfänger verwirrt oft die Tatsache, daß Formationen, die durch vulkanische Ereignisse abgelagert wurden, **oft keiner festen Struktur** folgen. Sich in diesem „Chaos“ zurechtzufinden, erfordert einige Übung und Schulung des Auges. Mit der Zeit wird man aber feststellen, daß typische Schichtfolgen typischen Eruptionsmustern zuzuordnen sind. Ein pyroklastischer Strom hinterläßt beispielsweise meist obiges, im Aufschluß deutlich auszumachendes Schichtungsgefüge, das sich z.B. von Wechsellagerungen zwischen Aschen und Lava, wie man sie an Stratovulkanen beobachten kann, deutlich unterscheidet (s.a. Skizze Seite 45).

Aus vulkanologischer Sicht sind für Geländebeobachtungen vor allem folgende **Formationen besonders lohnend:**

- Lavaströme,
- Pyroklastische Ströme (Glutwolkenablagerungen),
- Lahars,
- Wechsellagerungen von Asche- und Bimseruptionen,
- Wechsellagerungen von Aschen und Laven.

Vulkangesteine, in der Vulkanologie als ↗Tuffe und Pyroklastika bezeichnet, können tiefe Täler oder sogar Calderen füllen. Meist findet man die jüngeren Gesteine an der Oberfläche. Durch Umlagerungen oder Verwerfungen kann aber auch das Lagerungsbild auf den Kopf gestellt bzw. verschoben sein.

Tuffe
Verfestigte vulkanische Auswurfprodukte verschiedener Korngrößen. Durch Verwitterung bilden sich in Tuff-Formationen oft bizarre Formen. Bild: Paisaje Lunar (Teneriffa)

049vu Abb.: je

Unterscheidung der Gesteine

Noch am **Ende des 19. Jahrhunderts** unterschied man die Vulkanite lediglich nach ihrer Farbe, Textur und der Art ihrer Einsprenglinge. Heute erfolgt die Unterscheidung im wesentlichen nach ihrem ↗Gefüge und ihrem Mineralbestand.

Da oft graduelle Übergänge zwischen den verschiedenen Gesteinsarten bestehen, ist es in der Praxis häufig schwierig, eine eindeutige Zuordnung der Gesteine vorzunehmen. Stehen nur makroskopische Untersuchungsmethoden zur Verfügung, was bei den meisten Vulkanamateuren der Fall sein dürfte, bereitet die exakte Bestimmung der Gesteine und ihrer Minerale oft Schwierigkeiten.

Gefüge
Das Gefüge umfaßt die Textur und Struktur eines Gesteins, wobei die Textur die räumliche Anordnung seiner Bestandteile beschreibt, die Struktur hingegen Auskunft über die Form und Gestalt der im Gestein enthaltenen Minerale gibt. Durch Einregelung von Gasbläschen, Kristallen und Einschlüssen bzw. Schlieren wird das sog. Fluidalgefüge erzeugt, das die Fließrichtung der Schmelze zum Zeitpunkt der Erstarrung widergibt.

Die gebräuchlichste und auch für den Amateur am einfachsten anzuwendende (wissenschaftlich jedoch überholte) Methode der petrographischen Klassifikation von Vulkaniten ist die **qualitative mi-**

neralogische Klassifizierung. Bei dieser werden die verschiedenen Minerale eines Gesteins bestimmt, um dadurch den Gesteinstyp zu definieren.

Unterscheidung der Minerale

Die Vulkanite beinhalten im wesentlichen die folgenden, relativ einfach zu unterscheidenden Hauptminerale:

- Quarz,
- kieselsäurereiche Silikate (Feldspäte),
- kieselsäurearme Silikate (Feldspatvertreter/Foide),
- helle und dunkle Glimmer,
- Pyroxene,
- Amphibole,
- Olivin.

▼ *Tabelle Dunkle Minerale*

Gattung	Struktur	Chemismus	Name	Farbe
Olivine	*Inselsilikate*	*Mg-Fe-Silikate*	*Olivin*	*flaschengrün, gelb, grau,braun*
Pyroxene	*Kettensilikate (Klinopyroxen)*	*Mg-Fe-Silikate*	*Augit*	*schwarz, bräunlich, grün, grünlich-schwarz*
			Diopsid	*farblos, hellgrün, gelb, braun-schwarz*
	(Orthopyroxen)	*Mg-Fe-Silikate*	*Enstatit*	*dunkelgrün, blaugrün, schwarzgrün, selten gel*
			Bronzit	*bronzefarben*
			Hypersthen	*bronzefarben, grünlich*
Amphibole	*Bandsilikate*	*Ca-Mg-Fe-Silikat*	*Hornblende*	*grün, grün-schwarz, schwarz-grün, schwarz*
Dunkle Glimmer	*Schichtsilikate*	*K-Al-Silikate*	*Biotit*	*schwarz, dunkelbraun, dunkelgrün*

Bei diesen Mineralen handelt es sich um Silizium-Sauerstoff-Verbindungen (Silikate). Obwohl eine große Anzahl vulkanischer Gesteine unterschieden werden kann, sind für die Gesteinsbildung der Vulkanite überraschenderweise nur relativ wenige Minerale von Bedeutung. Man unterscheidet diese wiederum nach **hellen und dunklen Gemengeteilen.** Helle Gemengeteile nennt man „felsisch" (von Feldspat/Silizium) oder „salisch"; dunkle Gemengeteile hingegen „mafisch" (von Magnesium/Eisen).

Alle Minerale können nach folgenden **fünf Kriterien** unterschieden werden: Farbe, Kristallform, Glanz, Spaltbarkeit und Härte. Am trügerischsten ist hierbei die Farbe der Minerale, die aufgrund von Fremdbeimengungen stark differieren kann. Relativ sicher können Minerale jedoch anhand der Form ih-

Vorkommen	Struktur	Strich	Härte
basische Magmen (Basalte, Basanite) MgO 45-50 %	*rhombisch*	*weiß/farblos*	*6,5-7,0*
Basalte, Basanite, Tephrite, Phonolithe	*monoklin*	*weiß/farblos grau/schwarz*	*5,0-5,5*
Basalte, Andesite, Trachite	*monoklin*	*weiß/farblos*	*5,0-5,5*
MgO-reiche basische Gesteine	*rhombisch*	*weiß/farblos*	*5,5*
Tholeitbasalte, Andesite	*rhombisch*	*weiß/farblos*	*5*
häufig in Latitbasalten und Latitandesiten	*rhombisch*	*weiß/farblos*	*5*
Andesite, Basalte Dacite, Latite (Gesteine mit hohen Bildungsdrücken)	*monoklin*	*grau/schwarz grün, orange gelb/braun*	*5,0-6,0*
Trachyte, Andesite, in Basalten eher selten	*monoklin*	*grau/schwarz*	*2,5*

rer Spaltflächen und ihres Glanzes bestimmt werden.

Die **tabellarischen Übersichten** sollen helfen, die wichtigsten Minerale der Vulkanite im Gelände schneller bestimmen zu können. Auf die Mitnahme eines guten Gesteins- und Mineralbestimmungsbuches mit Farbtafeln und ausführlichen Beschreibungen zur Struktur, zum Glanz, zur Spaltbarkeit und zum Bruch der Minerale wird man in der Praxis dennoch meist nicht verzichten können.

▼ *Tabelle Helle Minerale*

Gattung	Struktur	Chemismus	Name	Farbe
Quarze	*Gerüstsilkate*	*Siliziumdioxid*	*Quarz*	*weiß, farblos,*
				alle Farben
Feldspäte	*Gerüstsilkate*	*K-Al-Na-Silikate*	*Sanidin*	*farblos bis durchsichtig*
	saure Feldspäte-	*(Kalifeldspäte)*		
	Orthoklase		*Orthoklas*	*weiß, gelb, fleischrot*
			Mikroklin	*weiß, gelb, rötlich*
	basische	*Na-Ca-Silikate*	*Anorthit*	*farblos, weiß, grau, röt-*
	Feldspäte-	*(Kalknatron-*	*Oligiklas*	*lich, grünlich, bläulich*
	Plagioklase	*feldspäte)*	*Andesin*	
				Labradorit
			Bytownit	
			Albit	
Foide	*Gerüstsilikate*	*K-Al-Na-Silikate*	*Leuzit*	*weißlich, grau*
	(treten in kieselsäure-			
	armen Gesteinen an		*Nephelin*	*weißgrau*
	Stelle der Feldspäte)			
			Sodalith	*blau, grau, weiß, gelblic*
Helle Glimmer	*Schichtsilikate*	*K-Al-Silikate*	*Muskovit*	*farblos, glänzend*

Foide *treten niemals zusammen mit Quarz auf, da sie mit diesem Feldpäte bilden w*
Olivin und Quarz *treten ebenfalls nicht zusammen auf, da der Olivin mit Quarz n*

050vu Abb.: je

Die sehr mineralhaltigen Laven des Vesuv sind vor allem reich an Pyroxen und Leucit

Vorkommen	Struktur	Strich	Härte
intermediäre und saure Magmen (Andesite, Dacite, Rhyolithe)	*trigonal*	*weiß*	*7*
saure Gesteine	*monoklin*	*weiß*	*6*
saure Gesteine	*monoklin*	*weiß*	*6*
saure Gesteine	*triklin*	*weiß*	*6*
kieselsäurereichere basische und intermediäre Gesteine (Basalte, basaltische Andesite, Latitbasalte. Andesite, Dacite)	*monoklin*	*weiß*	*6,0-6,5*
Andesite, Basalte	*tetragonal*	*weiß*	*5,5-6,0*
Andesite, Basalte	*hexagonal*	*weiß*	*5,5 -6,0*
Andesite, Basalte	*kubisch*	*weiß*	*5,0-6,0*
in Vulkaniten eher selten; häufig in Metamorphiten	*monoklin*	*weiß*	*2,0 -3,0*

e kommen daher in besonders quarzarmen Gesteinen vor, z.B. im Nephelinbasalt.
eise zu Enstatit (Pyroxen) reagiert.

Die Arbeit im Aufschluß

Geländearbeit

Gelände- oder Feldarbeit bedeutet für Vulkanfreunde zweierlei:

- sich mit den Besonderheiten der durch Vulkantätigkeit entstandenen Geländeformationen vertraut zu machen und
- deren charakteristische Eigenschaften, ihren Aufbau, ihre Struktur und die Ursachen ihrer Entstehung zu interpretieren.

In diesem Sinne heißt Feldarbeit vor allem, das theoretisch erarbeitete Wissen sowohl am aktiven Vulkan als auch in nicht mehr aktiven Vulkangebieten zu überprüfen und neue Kenntnisse hinzuzugewinnen. Das Beobachten der verschiedenen Tätigkeitsformen der Vulkane, aber auch das Sammeln und Bestimmen von vulkanischen Gesteinen und ihren Mineralen, die in geologischen ↗Aufschlüssen besonders gut zugänglich sind, spielt hierbei eine wichtige Rolle.

Geologische Aufschlüsse
Stellen, an denen die Entstehung der jeweiligen Formation besonders deutlich wird. Oft handelt es sich dabei um Steinbrüche, aber auch um Stellen, die durch Baumaßnahmen (etwa beim Straßenbau) freigelegt worden sind. Die dabei angeschnittenen Gänge bergen häufig schöne Minerale und sind oft das Ziel von Sammlern.

051vu Abb: gl

Im Aufschluß

Auf alle Fälle muß man sich vor jedem Betreten eines Aufschlusses mit den Gegebenheiten des **Natur- und Landschaftsschutzes** vertraut machen. Gehört der Aufschluß zu einem Schutzgebiet oder zu einem Nationalpark, ist die Entnahme von Proben in der Regel verboten und wird - zu Recht - mit hohen Strafen geahndet. Die entsprechenden Ver- und Gebote in vollem Umfang zu respektieren, gehört zum Ehrenkodex eines jeden Vulkanologen. Viele geschützte Aufschlüsse wurden in der Vergangenheit durch rücksichtslose Sammler beschädigt (wie z.B. die Kugelpechsteine im Tharandter Wald bei Dresden).

Da sich viele Aufschlüsse in Privatbesitz befinden, ist es vor Betreten des Aufschlusses notwendig, den Eigentümer festzustellen und eine **Erlaubnis zum Betreten des Grundstücks** einzuholen. Bitte auch etwaige Ver- oder Gebotsschilder der Grundstückseigentümer respektieren. Nicht jeder Steinbruchbesitzer hat etwas für die Sammelfreude von Hobbygeologen übrig.

Vorgehen beim Erkunden eines Aufschlusses

Wenn man zum erstenmal einen Aufschluß oder eine geothermisch aktive Zone betritt, ist es sinnvoll, folgendermaßen vorgehen:

1. Schritt: Zunächst verschafft man sich einen Überblick über das Gelände. Dies geht am besten von einem erhöhten Standpunkt aus. So erkennt man, gestützt auf die zu Hause getroffenen Vorbereitungen die besten Aufschlüsse, aber auch geeignete Standpunkte zum Fotografieren. Gute Auf-

Zum Reinigen der Fundstelle und zum Durcharbeiten von Halden ist eine kleine Schippe recht nützlich.

Auch beim Auffangen kleiner Minerale leistet die Schippe gute Dienste.

Bei der Bearbeitung feiner oder weicher Strukturen ist ein Meißel mit schmaler Klinge vorzuziehen.

Mit einer Lupe können die Funde begutachtet werden. Lupen mit integrierter Lampe machen vom Tageslicht unabhängig.

schlüsse sind zum Beispiel deutlich auszumachende Schichtungen des Gesteins, Gänge (in denen man häufig schöne Minerale findet), Klüftungen und Strukturen mit guter Fließtextur. Wenn eine geeignete Karte vorliegt (Koordinatensystem mit Gitternetz), ist es günstig, die Fundstellen in der Karte festzuhalten.

2. Schritt: Hat man die Aufschlüsse in die Karte eingetragen, findet man sie leicht wieder, um **detailliertere Untersuchungen vorzunehmen.** Das besondere Interesse gilt neben den tätigen Zonen des Gebietes (Krater, Spalten, Exhalationen von Gasen und Dämpfen) auch den Kontaktzonen zwischen verschiedenen Gesteinsfolgen sowie den unterschiedlichen Schichten vulkanischer Ablagerungen.

3. Schritt: Sammeln von Proben. Genauere Untersuchungen zum Mineralbestand der gesammelten Proben. Formatieren der Handstücke. Fotografieren des Aufschlusses und der Proben. Dabei ist es gut, zum Größenvergleich einen Gegenstand (Hammer, Streichholzschachtel o.ä. mit zu fotografieren).

Um den Aufschluß zu schonen, ist die Auswahl der Handstücke auf die typischen Exemplare zu beschränken. Häufig ist es nicht einmal erforderlich, frische Handstücke zu schlagen, da meistens bereits am Fuß des Aufschlusses ausreichend Exemplare in guter Qualität herumliegen (Lesesteine). Wichtig ist jedoch, keine verwitterten Exemplare mitzunehmen, da die Verwitterung zur Umwandlung der gesteinsbildenden Minerale führt bzw. führen kann und keine exakten Rückschlüsse auf die Bildungsbedingungen der vorliegenden Proben zuläßt.

Findet man keine ausreichend guten Bruchstücke, sollte man sich seine Handstücke selbst schlagen. Dabei geht man so vor, daß man zunächst eine Grenze zwischen zwei Gesteinsformationen auswählt und von beiden Seiten dieser Grenze je ein Handstück schlägt. Günstige Schlagstellen findet man vor allem am Rande größerer Blöcke.

Im allgemeinen sind faustgroße Handstücke ausreichend. Diese werden am besten gleich im Aufschluß mit einer Nummer versehen (Klebeband!) und in eine ebenfalls numerierte oder sonstig erkennbar beschriftete Tüte verpackt, was deren Identifikation nach Rückkehr von der Reise erheblich erleichtert.

4. Schritt: Bestimmen der Minerale. Die frischen Bruchstellen kann man mit einer Lupe betrachten und so schnell einen Überblick über die einzelnen Gesteinsbestandteile und die enthaltenen Minerale erhalten. Mit der Zeit bekommt man eine gewisse Vorstellung davon, wie die typischen Minerale der magmatischen Gesteine (z.B. Olivin, Augit, Leucit, Pyroxen) aussehen und kann diese auch ohne weitere Hilfsmittel relativ sicher bestimmen.

Für weitergehende Untersuchungen sollte man auf ein gutes Gesteins- und Mineralbestimmungsbuch zurückgreifen. In diesen Büchern sind viele gängige Methoden der Gesteins- und Mineralbestimmung sowie die nötigen Hilfsmittel beschrieben.

Tips zum Anlegen einer Sammlung

Wer Vulkane erkundet - egal, ob aktive oder erloschene - besitzt zu der unter die Füße genommenen Materie (Tephra, Asche, Lava) ein ganz besonderes Verhältnis. Plötzlich sind Lavabrocken nicht mehr einfach nur Steine, über die ein anderer vielleicht achtlos hinweggehen würde. Vielmehr schaut man schon sehr genau hin, was da eigentlich unter dem Stiefel knirscht - und es wird aufgehoben, betrachtet, eingesteckt, analysiert.

Mit der Zeit stellt man fest, daß beispielsweise der ↗Basalt keineswegs immer nur der schwarze Stein sein muß, als der er oft in den Büchern beschrieben wird, sondern daß auch graue, braune, grünliche und (durch fumarolische Tätigkeit) sogar rötliche Farbnuancen auftreten können.

Allmählich lernt man, auch das natürliche Vorkommen der verschiedenen Laven stärker in die Betrachtungen einzubeziehen und daraus Rückschlüsse auf die Art und Weise ihrer Entstehung zu ziehen. Deutliche Klüftungen an Vulkaniten sind meist sicheres Anzeichen für das Vorhandenseins eines ehemaligen Lavastroms; offensichtliche Fließtexturen, in denen große Glasfetzen eingeschlossen sind, weisen meist auf eine ignimbritische Entstehung des Gesteins hin; Bimsstein wiederum besitzt zwar meist eine schaumig-poröse Oberfläche, dies muß aber keineswegs immer der Fall sein. In der Natur treten vielmehr sowohl faserige Varietäten auf wie auch solche, die Übergänge zum Obsidian aufweisen, usw.

Bei genauerer Betrachtung der Fundstücke fällt auf, daß diese meist reichlich Minerale enthalten, die als schwarze, grüne, gelbliche oder weiße Sprenkel in Erscheinung treten. Die in den Vulkaniten zu findenden Minerale sind, wie bereits erwähnt, aufgrund der verhältnismäßig kurzen Verweildauer des Magmas in der Magmakammer und der relativ großen Abkühlungsrate des Magmas meist klein, ihre genaue Identifizierung mit bloßem Auge oft schwierig.

Wenn man mit dem Sammeln beginnt, sammelt man zunächst meist alles, was irgendwie von Interesse erscheint: Lavabrocken, Schlacken, Bimssteine, Obsidiane, Schwefeleinschlüsse - kurz: alles, was Hinweise auf vulkanische Tätigkeit gibt. Bei mir hat die Sammelleidenschaft in der Anfangsphase nicht selten dazu geführt, daß ich meinen Rucksack vor Antritt der Heimreise nicht mehr allein anheben konnte.

Mit fortschreitender Erfahrung sammelt man gezielter und erachtet es auch nicht mehr als notwendig, die tausendste Varietät einer x-beliebigen Schlacke mitzunehmen. In der Vitrine zu Hause lagern bereits die schönsten Stücke vorheriger Funde - alles andere hat den Besitzer gewechselt oder schlummert in irgendwelchen Kartons oder Kisten.

Schließlich sammelt man nur noch exemplarisch wichtige Stücke, wie etwa typische Lavaproben einer erst kürzlich erfolgten Eruption, besonders schöne

Basalt

Weltweit am häufigsten vorkommendes, meist kieselsäurearmes, basisches Ergußgestein. Bildet den Hauptbestandteil der Ozeanböden. Unterscheidung in zwei Gesteinsstämme: Alkalibasalte und Tholeiitische Basalte, die sich sowohl im SiO_2-Gehalt als auch im Gehalt an Alkalien unterscheiden. Unterschiedliche Bildungsbedingungen der Laven führen zu ganz verschiedenen morphologischen Strukturen, hier z.B. submarin entstandener Basalt-Pillow (oberes Bild) und subaerisch (d.h. unter Lufteinwirkung) enstandener Obsidian (unteres Bild).

056vu Abb.: je

057vu Abb.: je

Olivinknollen, Schlacken mit gut ausgebildeten Prismen von Augit oder Hornblende, Leucitite mit großen Leucit-Einsprenglingen usw. – der Möglichkeiten gibt es unzählige.

Man achtet auch stärker auf typische Einschlüsse, Fließstrukturen oder besonders ausgeprägte Schichtungen im Aufschluß und ordnet die gefundenen Vulkanite bereits beim Sammeln gedanklich nach ihrem Ursprung, ihrer Struktur und ihrem Mineralbestand.

Wenn man schließlich einige schöne Stücke einer Gesteinsart oder besonders interessante Einzelminerale zusammengetragen hat, kommt der Punkt, an dem die Sammelergebnisse der verschiedenen Exkursionen in einer Struktur zusammenwachsen und die Sammlung eine Systematik bekommt.

Man kann sich natürlich auch ausschließlich auf bestimmte Vulkane spezialisieren und versuchen, von diesen einen möglichst repräsentativen Bestand der geförderten Gesteine und Minerale zusammenzutragen. Wenn man so vorgeht, wird man möglicherweise staunen, wie viele unterschiedliche Gesteins- und Mineralarten beispielsweise solch verhältnismäßig kleine Vulkane wie der Vesuv und der Stromboli liefern können.

058vu Abb: gl

Um zu überzeugenden Vulkanfotos zu kommen, braucht man neben Glück und etwas Erfahrung vor allem eines – Geduld.

Fotografieren am Vulkan

Motivwahl

Eigentlich ist es nicht schwer, brauchbare Vulkanfotos zu machen, da jede Vulkantour eine Fülle von Motiven und Situationen bietet, die es wert sind, auf Foto oder Dia verewigt zu werden: der Aufstieg, das Camp, Besonderheiten des Wegs, die Gesichter der Begleiter, der Träger und Führer, Witterungsunbilden, typische geologische Formationen, die Kraterlandschaft, von Lava oder pyroklastischen Strömen zerstörte Gebäude und Anlagen usw.

Am Vulkan steht die Reportage- und Situationsfotografie im Vordergrund. Am zweitwichtigsten ist die Landschaftsfotografie. Empfehlenswert ist vor allem, daß das spätere Foto eine Geschichte erzählt, die das Besondere des jeweiligen Moments enthält. Wer es darüber hinaus schafft, in kritischen oder besonders aufregenden Situationen weiter zu fotografieren, braucht sich später sicher nicht über eine unzureichende Auswahl an charakterstarken Motiven zu beklagen.

Vulkanfotos müssen somit keineswegs auf die Darstellung von Eruptionen beschränkt bleiben, auch wenn diese in den einschlägigen Kalendern und Büchern häufig das Gros der Abbildungen ausmachen.

Geeignete Kameratypen, Objektive

Es muß nicht unbedingt eine Spiegelreflexkamera sein, mit der man seine ersten Vulkanfotos schießt. Eine Sucherkamera der mittleren Preislage tut ihren Dienst ebenso. Aus der im Handel angebotenen Menge an geeigneten Kameras und Objektiven das wirklich Passende zu finden, dauert jedoch seine Zeit. Umwege und Ärger über Fehlkäufe werden sich auf dem Weg zur optimalen Fotoausrüstung insoweit nicht ganz vermeiden lassen.

Eine **Spiegelreflexkamera** hat den Vorteil, daß man die **Objektive** mit verschiedenen Brennweiten flexibler wechseln kann. Mit ein bis zwei möglichst identischen Gehäusen (z.B. eines mit Diafilm, eines mit s/w-Film bestückt), einem Zoom-Objektiv von 28-70 mm, einem Telezoom sowie einer lichtstarken 135 mm Festbrennweite kommt man nach meinen Erfahrungen im vulkanischen Metier gut über die Runden. Auch gewichtsmäßig ist diese Ausrüstung ohne weiteres zu verkraften.

Ersatzbatterien nicht vergessen

Die Mitnahme einer ausreichenden Anzahl (frischer!) Ersatzbatterien ist ebenfalls notwendig. Man sollte insbesondere daran denken, daß Fotobatterien bei kaltem Wetter schneller ermüden als unter Normbedingungen.

Beim Kauf der Kamera sollte man aber darauf achtgeben, daß diese über eine B-Einstellung verfügt und mit einem Kabelauslöser bedient werden kann. Auch wird man ohne **Stativ** kaum befriedigende Nachtaufnahmen hinbekommen.

Als **Reservekamera** und Helfer in der Not (Regen, vulkanischer Fallout) verwende ich zusätzlich eine wasserdichte Canon AS-1, mit der man auch einigermaßen brauchbare Unterwasseraufnahmen hinbekommt.

Wechselbare Frontlinsen

Man kann sich vorsehen, wie man will - irgendwann ist die Frontlinse doch zum Teufel. Es ist deshalb kein Fehler, von vornherein auf etwas kostspieligere Objektive mit auswechselbaren Frontlinsen zurückzugreifen. Im Fachhandel beraten lassen!

Zu ausgedehnten Vulkantrekkings in tropische Gefilde wird man schon aus Gewichtsgründen nur eine **abgespeckte Fotoausrüstung** mitnehmen können, die jedoch durchaus auch höher gesteckten Ansprüchen genügen sollte (1-2 identische Gehäuse; 28-70 mm Zoom, f 2,8; wer noch gewichtsbewußter handeln muß, verwendet besser

Objektive mit f 3,5 bis 5,6; 135 mm Festbrennweite f 2,8 sowie ggf. eine wasserdichte Kompaktkamera). Ein Stativ nehme ich auf diese Touren meistens nicht mit, sondern versuche, bei Bedarf mit Steinen, Knetmasse, dem Rucksack usw., so gut es geht, einen Stativersatz zu improvisieren.

Bei allen Touren, auf denen ein Mietwagen an der Basis wartet, ist es natürlich unproblematisch, das eine oder andere Zusatzobjektiv mehr einzupacken. Auch ein Stativ gehört dann zur **Standardausrüstung.** Zum Fotografieren größerer Eruptionen sind bei einer Distanz zum Krater von etwa 2 Kilometern Luftlinie Festbrennweiten von 135 mm, 300 mm bzw. 400 mm sehr gut geeignet. Diese haben neben der erheblich besseren optischen Leistung auch den Vorteil, sich wesentlich genauer als z.B. ein 70-300 mm Zoom auf das Motiv fokussieren zu lassen.

Filmmaterial

Zunächst ist zu klären, ob man **Prints oder Dias** fertigen möchte. Dias haben den Vorteil, daß sich von ihnen im Nachhinein mühelos Papierabzüge fertigen lassen, was umgekehrt nicht geht. Allerdings müssen Diafilme etwas sorgfältiger belichtet werden und verlangen auch in der Nachbearbeitung etwas mehr Aufwand. Da ich Wert auf farblich brillante und ausgewogene Aufnahmen lege, die auch später noch für die unterschiedlichsten Zwecke verwendet werden können, fotografiere ich Farbaufnahmen seit Jahren ausschließlich auf Diafilm. Die immer wieder zu hörende Meinung, daß Dias teurer seien als Papierbilder, kann ich nicht bestätigen.

Da man auf Vulkanen aufgrund der nur selten kontinuierlich verlaufenden Eruptionen (hat man auf Krater A scharf gestellt, eruptiert Krater B – lauert man vor Krater B auf die Eruption, tut sich lange Zeit gar nichts, schließlich geht man weg – und er bricht doch noch aus) oft gezwungen ist, **Belichtungsreihen** zu schießen, wird die ausschließliche Verwendung von Profi-Filmmaterial (z.B. Fuji Provia, Kodachrome 64 u.a.) allerdings recht schnell teuer. Vor allem, wenn man hinterher niemanden findet, der die Fotos abkauft.

Als Faustregel kann man sich merken, daß **für Landschaftsfotos** ein sehr hochwertiger Film mit maximaler Schärfeleistung und guter Farbsättigung zur Anwendung kommen sollte.

Für die Reportagefotografie, also alle Fotos, die am Vulkan „unterwegs“ entstehen, muß nicht unbedingt auf Profimaterial zurückgegriffen werden, was nicht heißt, daß man sich deswegen am Ramschtisch eindecken sollte.

▼ *Dampfwolken am Ätna, im Gegenlicht aufgenommen*

059vu Abb.: je

Die besten Filme nützen übrigens nichts, wenn die Optik nichts taugt. Um die Anschaffung hochwertiger Objektive wird man auf Dauer nicht umhin kommen, jedenfalls dann, wenn man es mit der Fotografie ernst meint.

Belichtung

Tageslicht

Vulkanfotos leben stark von bewegten Szenen: der Aufstieg zum Camp, der Aufstieg zum Krater, der Abstieg in eine Caldera, der Marsch durch den Regenwald; Aufnahmen am frühen Morgen oder am Abend, bei Nebel, Wolken oder Dunst. Nur selten wird hierfür Licht in ausreichender Menge vorhanden sein. Auch ein Stativ aufzubauen, wird sich nicht immer bewerkstelligen lassen. Die Verwendung von lichtstarken Objektiven und/oder eines leistungsfähigen Blitzlichtes macht sich deshalb auch am Tage bezahlt.

Bei der Reportagefotografie kommt es übrigens, anders als bei den Landschaftsfotos, weniger auf maximale Schärfeleistung, sondern vielmehr auf die Anpassungsfähigkeit der Optik an unterschiedliche Lichtsituationen und Bildausschnitte, ihre Fähigkeit einer möglichst naturgetreuen Farbwiedergabe sowie auf eine exakte und schnelle Fokussierung an. Zoomobjektive der mittleren bis oberen Preisklasse mit f 2,8 sind hierfür nach meinen Erfahrungen am geeignetsten.

Nachtaufnahmen

Mit einer Belichtungszeit von 3-5 Sekunden bekommt man passable Nachtaufnahmen von Vulkanausbrüchen hin. Die Kunst besteht dabei weniger in der Wahl der richtigen Belichtungszeit als vielmehr darin, den richtigen Zeitpunkt des Ab-

060vu Abb.: tm

Tips zum Stativ

Eine am Stativkopf angebrachte Wasserwaage leistet vor allem dann gute Dienste, wenn man erst während der Nacht am Kraterrand ankommt und kein sichtbarer Horizont mehr vorhanden ist. Ein leichtes Stativ läßt sich stabiler machen, indem man einen Stein mit Bindfaden im Kreuzungspunkt der Schenkel befestigt.

drückens nicht zu verpassen. Allerdings ist die Verwendung eines **Stativs und eines Kabelauslösers** für wackelfreie Nachtaufnahmen Voraussetzung. Das Stativ sollte nicht zu leicht sein. Es gibt eine große Auswahl an Modellen, zu denen man sich am besten im Fotofachhandel beraten läßt.

Wegen der besseren Schärfeleistung und Farbwiedergabe sollte man bei Nacht **möglichst mit Festbrennweiten** oder mit hochwertigen Zooms arbeiten!

Auch eine gute **Stirnlampe** braucht man nicht nur beim nächtlichen Aufstieg zum Kraterrand, sondern auch bei allen Tätigkeiten, die mit der Bedienung der Fotoausrüstung zusammenhängen. Nur sehr Geübte werden ihre Ausrüstung auch nachts wirklich blind bedienen können. Von Vorteil sind in solchen Situationen deshalb Kameras ohne großen technischen Schnickschnack.

Bei Nachtaufnahmen sollte man generell nicht zu lange und nicht mit zu schnellen **Filmen** belichten (100 ASA sollte das Maximum sein), da bei Überbelichtungen der Hintergrund zu hell erscheint. Belichtungsreihen schießen. Gut ist es auch, mit mehreren Kameras arbeiten.

Dramatische Belichtungseffekte *lassen sich übrigens mit einem gerade noch sichtbaren, blaugrauen Hintergrund erzielen, den man mit einer etwas längeren als der üblichen Belichtungszeit (um 20 Sekunden) oder einer Doppelbelichtung in das Bild einbauen kann. Siehe Bild unten*

Für alle anderen Aufnahmesituationen in ungewissen Lichtsituationen empfiehlt sich die Anschaffung eines leistungsstarken **Computer-Blitzgerätes** (ab Leitzahl 32). Da sich diese

061vu Abb.: tm

Bei der Benutzung längerer Brennweiten empfiehlt sich ein Stativ

062vu Abb.: je

Blitzgeräte in der Regel mit handelsüblichen R-6-Mignon-Batterien betreiben lassen, schont ihre Verwendung vor allem die teuren Lithium-Batterien der Kamera; von den Vorteilen der eindeutig günstigeren Motivausleuchtung ganz zu schweigen.

Vor allem das Überblitzen des Hauptmotivs gehört damit der Vergangenheit an, man erhält tadellos belichtete Blitzaufnahmen mit einem ausgewogenen Licht-Schatten-Verhältnis. Außerdem läßt sich bei Verwendung des Zusatzblitzes der vor allem durch Objektive größerer Baulänge (ab 80 mm) am unteren Bildrand häufig erzeugte Schlagschatten vermeiden.

Transport der Fotoausrüstung

Daß Kameras und Objektive auf jeder Vulkantour einem größeren Quantum Staub und Sand, ätzenden Gasen und Dämpfen, einer Reihe von ziemlich elektronikfeindlichen Stößen sowie Feuchtigkeit (vor allem bei Nachtaufnahmen) ausgesetzt werden, ist nicht zu vermeiden und liegt in der Natur der Sache.

Um der teueren Technik das Überleben möglichst lange zu sichern, müßte deshalb an sich auf staubsichere und stoßsichere Behältnisse zurückgegriffen werden. Professionelle Zargenkoffer aus Aluminium lösen diese Aufgabe zwar am souveränsten, sind aber zugleich am sperrigsten und für Vulkantouren, auf denen sowohl beim Gewicht als auch beim Packmaß geknausert werden muß, eher ungeeignet. Bevor man überhaupt den Fuß des Vulkans erreicht, müssen zum Teil steile und lange Auf- und Abstiege, lange Märsche durch sonnendurchglühte Ebenen, Regenwald- und Flußdurchquerungen gemeistert werden. Außerdem muß man reichlich Wasser und Proviant mitschleppen.

Auf Touren, bei denen nicht am letzten Gramm gespart werden muß, transportiere ich meine Fotoausrüstung meistens folgendermaßen: Gehäuse 1 mit angesetztem 28-70 mm Zoom f 2,8 in der Fototasche. Zubehör (Filter, Kabelauslöser, Staubpinsel, Reservefilme etc. ebenfalls in der Fototasche). Die Tasche selbst ist klein, robust und einigermaßen wasserundurchlässig. Gehäuse 2 befindet sich mit angesetztem Schutzdeckel in einem extra gepolsterten Transportsäckchen im Deckelfach des Rucksacks. Ebenfalls im Deckel, nochmals geschützt durch Objektivhüllen, transportiere ich Objektive, die eher seltener gebraucht werden, z.B. 50 mm Festbrennweite oder 24 mm Festbrennweite. Die am Vulkan sehr häufig einsetzbare 135 mm Festbrennweite und das „große Tele" kommen in spezielle Transportköcher, die am Beckengurt des Rucksacks befestigt werden.

Foto-Bauchtaschen

Praktisch sind spezielle Foto-Bauchtaschen mit nach vorn öffnendem Deckel, die dem Fotografen volle Bewegungsfreiheit lassen, einen blitzschnellen Zugang zur Kamera ermöglichen und einen einigermaßen sicheren Transport der Ausrüstung garantieren.

Was schiefgehen kann

Bekanntlich werden all jene Dinge, die schiefgehen können, auch irgendwann schiefgehen. Am Vulkan bekommt man – vor allem nachts – reichlich Gelegenheit, sich von der Richtigkeit dieser Lebensweisheit zu überzeugen.

Zunächst wäre darauf hinzuweisen, daß die Nachttemperaturen besonders auf windexponierten Vulkanen binnen weniger Stunden dramatisch sinken können. Da das Lavageröll ein schlechter Wärmespeicher ist, stellt sich in Verbindung mit dem Chill-Faktor (siehe Kapitel „Ausrüstung") rasch **beißende Kälte** ein. Das sollte man bedenken, sofern man unter diesen Bedingungen vorhat, einige Stunden im Dunkel hinter der Kamera auszuharren. Unangenehmerweise erzeugen die sinkenden Nachttemperaturen, genau wie der feuchtheiße Dampf von Fumarolen etwas, das Kameras und Objektive überhaupt nicht mögen: **Kondenswasser.** Auch die besonders nach warmen, trockenen Nächten in den frühen Morgenstunden einsetzende Taubildung ist nicht zu unterschätzen und der teueren Elektronik keineswegs zuträglich.

Vorsicht auch vor den **ätzenden vulkanischen Gasen,** die aufgrund ihres HCl-Gehaltes sogar die MC-Beschichtung der Objektive angreifen können. Dagegen kann man die Kamera schützen, indem man ein UV-Filter oder ein leichtes Skylight (1 A) verwendet.

Gegen den meist unterschätzten, weil oft nicht wahrnehmbaren **Airfall** hilft jedoch nur, die Kamera während des gesamten Aufenthaltes am Vulkan in einer Plastiktüte aufzubewahren oder zumindest die empfindlichsten Stellen mit Taschentüchern oder ähnlichem abzudecken. Nützlich sind in jedem Falle die völlig wasserdichten, aber auch sehr teuren Aquapacks, die für Kameras, Handys und alle möglichen anderen Ausrüstungsteile angeboten werden.

Da ein effektiver Staubschutz für Kamera und Objektive sich unter Echtzeit-Bedingungen am Vulkan kaum realisieren läßt (Hat man nicht ständig irgend etwas an dem Ding zu fummeln?), wird man früher oder später knirschende Geräusche aus dem Inneren seiner Kamera bzw. dem Schneckengang der Objektive vernehmen. So ist das eben, authentische Vulkanfotos haben ihren Preis. Wenn die Leute im Diavortrag aber den Atem anhalten, weil man gelungene und überzeugende Aufnahmen von Vulkanerkundungen und -eruptionen präsentiert, ist dies die schönste Entschädigung für den getriebenen Aufwand.

063vu Abb.: tm

▶ *Gaswolken verdunkeln die Sonne am Stromboli*

Vulkane im Überblick

Vulkane im Überblick

Interessante Vulkangebiete

Überblick

Folgende Länder besitzen sehr interessante Vulkangebiete, deren Besuch auch **für Interessenten möglich ist, die keine Expeditionen planen:** Chile, Costa Rica, Ecuador, El Salvador, Frankreich (Réunion, Kleine Antillen), Griechenland (Ägäis), Großbritannien (Kleine Antillen), Guatemala, Indonesien (Sumatra, Java, Kleine Sundainseln, Sulawesi), Island, Italien (Süditalienische Vulkangebiete und Sizilien), Japan, Kenya und Tanzania (Ostafrikanischer Grabenbruch), Mexico (Zentrales Hochland und Sierra Madre Occidental), Neuseeland, Nicaragua, Philippinen (Luzon, Negros, Camiguin, Mindanao), Portugal (Azoren), Spanien (Kanarische Inseln), Türkei (Anatolien/Kappadokien), USA (Cascade Range, Yellowstone und Hawaii) und, nicht zu vergessen, Deutschland.

Daneben gibt es eine nicht geringe Anzahl **weiterer Vulkangebiete,** die eine große Faszination auf jeden Vulkanfreund ausüben. Zu diesen zählen die Vulkane Kamtschatkas und Alaskas, der Antarktis, Kolumbiens, Ozeaniens und Zentralafrikas.

Ihr Besuch ist allerdings zum Teil mit einem hohen kosten- und zeitmäßigen Aufwand verbunden und erfordert daneben häufig Expeditionserfahrung. Leider erschweren auch mißliche politische Umstände in einer Reihe von sehr interessanten Vulkangebieten eine exakte Planung. Teilweise sind Touren sogar ganz unmöglich.

Wer nicht die Zeit und/oder das Geld für Fernreisen hat oder ausgeben möchte oder es vorzieht, ein Vulkangebiet mit dem eigenen PKW erreichen zu können, für den werden (jedenfalls von Deutschland aus betrachtet) wohl die **Vulkangebiete Südeuropas** am anziehendsten bleiben. Auch die Kanarischen Inseln, die Azoren und Island sind binnen weniger Flugstunden zu erreichen und somit für viele Vulkanfreunde auf Dauer interessant. Hinzu kommt, daß es in den meisten dieser Gebiete eine funktionierende Bergrettung gibt und man sich auch sonst im Fall der Fälle, beispielsweise per Handy, relativ rasch weiterhelfen kann.

Sicher - Europa ist vielen zu zivilisiert und Seilbahnen an Vulkanen sind nicht jedermanns Sache, meine übrigens auch nicht. Es stimmt aber keineswegs, daß „Europa" und „Wildnis" einander ausschließen. Wer einmal das Valle de Bove am Ätna durchstiegen hat oder auf Island gewandert oder Rad gefahren ist, wird wissen, was ich meine.

Die in den folgenden Tabellen genannten Vulkane sind für mich - ganz subjektiv - in den betreffenden Ländern die interessantesten.

Nordeuropa

Island

Die Insel ist ein Paradies für alle, die sich mit Vulkanen beschäftigen. Die beste **Reisezeit** liegt im Juli und August - dann sind aber leider auch die Preise am höchsten. Außerhalb dieser Monate kann man auf Island in puncto Vulkane aufgrund des recht extremen Klimas - Island liegt immerhin am Polarkreis - nicht sehr viel Sinnvolles unternehmen.

Literaturtip
„Island",
Reise Know-How,
ISBN 3-8962-035-5

Mittelmeerraum

Italien

In Süditalien befinden sich Europas klassische Vulkangebiete. Bereits Goethe war von der Aktivität des Vesuv und Ätna beeindruckt. Am 6. März 1787 wäre der wagemutige Dichter und Naturforscher bei einer überraschenden Eruption des Vesuv übrigens beinahe ums Leben gekommen. Sir William

Anmerkung

Da zum Redaktionsschluß (Aug. 2000) keine amtliche Karte existierte, die die Veränderungen seit Okt. 1999 berücksichtigt, beruhen alle Angaben in der Karte auf Schätzungen des Autors. Aufgrund der sehr heftigen Eruptionen des Ätna-Südost-Kraters wurden die Pisten und Pfade des Gipfelplateaus weitgehend verschüttet. Eine Annäherung über die 2700-m-Grenze kann lebensgefährlich sein! Ein relativ sicherer Aussichtspunkt ist der Monte Frumento Supino. Von Biwaks am Torre del Filosofo wird dringend abgeraten.

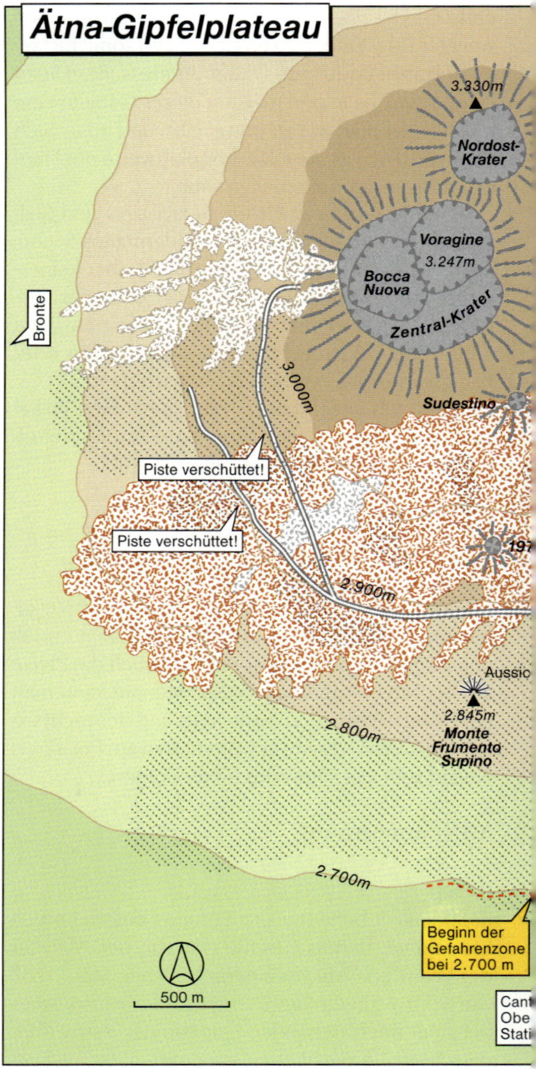

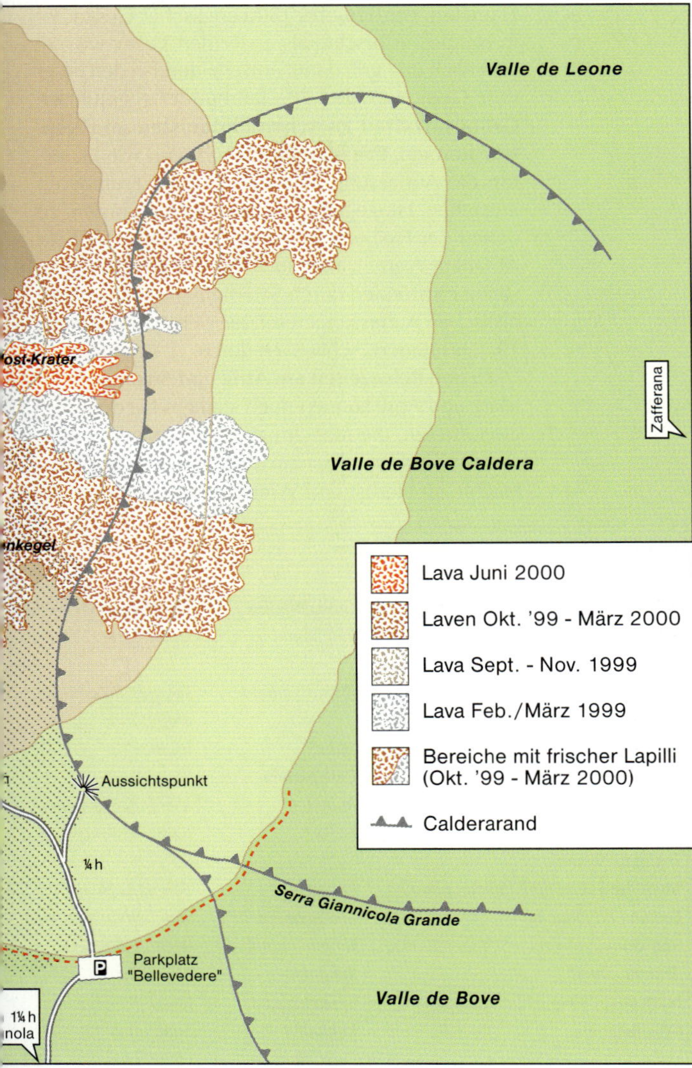

Valle de Leone
ost-Krater
Zafferana
Valle de Bove Caldera
nkegel
Lava Juni 2000
Laven Okt. '99 - März 2000
Lava Sept. - Nov. 1999
Lava Feb./März 1999
Bereiche mit frischer Lapilli (Okt. '99 - März 2000)
Calderarand
Aussichtspunkt
¼ h
Serra Giannicola Grande
P
Parkplatz "Bellevedere"
Valle de Bove
1¼ h
nola

Hamilton, von 1764 bis 1800 englischer Gesandter in Neapel, erforschte als erster den Vesuv wissenschaftlich und griff damit entscheidend in den unter den Geologen des 18. Jahrhunderts geführten **Grundsatzstreit zwischen Plutonisten und Neptunisten** ein. Die Plutonisten vertraten wie Hamilton die Auffassung, daß Gesteine im Erdinneren entstehen. Hingegen glaubten die Neptunisten, zu denen der Freiberger Geologieprofessor Gotthold Abraham Werner, aber auch Goethe gehörten, Gesteine entstünden durch Sedimentation. Die plutonistischen Auffassungen setzten sich zu Beginn des 19. Jahrhunderts schließlich durch.

Zu den **Reisezeiten am Ätna und Stromboli:** Im März und April können noch stärkere Niederschläge auftreten, die manchmal mit Hagel verbunden sind. Außerdem sollte man die Kühle und Länge der Nächte im Herbst und Winter berücksichtigen. Im

Vulkane in Europa

Vulkan/Gesteinsart	Vulkantyp	Land, Region	Erreichbarkeit
Hekla *(1491 m)*	*Stratovulkan*	*Süd-Island*	*leicht, Piste; 1 Tag*
Dacit, Basalt			
Askja *(1922 m)*	*Stratovulkan*	*Nordost-Island*	*schwere Piste; mit*
Bims, Basalt			*Jeep 2 Tage*
Vesuv *(1281 m)*	*Komplexvulkan*	*Italien,*	*leicht, PkW*
Latit, Phonotephrit		**Campanien**	
Ätna *(3340 m)*	*Schildvulkan/*	*Italien,*	*leicht, Fähre, Seil-*
Basalte,	*Stratovulkan*	*Sizilien*	*bahn, 4x4-Busse*
Trachyandesite			
Stromboli *(926 m)*	*Stratovulkan*	*Italien,*	*Fähre; Aufstieg*
Basalte, Rhyodacite		*Aeolische Inseln*	*ziemlich anstrengend*
Santorini *(564 m)*	*Schildvulkan*	*Griechenland,*	*leicht, Fähre,*
Andesit, Dacit		*Kykladen*	*Tagestour*
Nysiros *(698 m)*	*Stratovulkan*	*Griechenland,*	*leicht, Fähre,*
(Nysiros)		*Kykladen*	*Tagestour*

Winter liegt auf dem Ätna Schnee. Bergtouren können mit entsprechender Ausrüstung und Erfahrung trotzdem unternommen werden. Die Sommermonate sind extrem heiß. Der Ätna ist ein Hochgebirge! Auf eigene Faust sollte man diesen Berg deshalb selbst im Sommer nur mit entsprechender Ausrüstung und Bergerfahrung angehen

Literaturtip
„Sizilien", Reise Know-How, ISBN 3-89416-627-4

Griechenland

Die wichtigsten aktiven Vulkangebiete Griechenlands befinden sich in der Ägäis. Neben **Santorini,** das vor allem durch den sehr heftigen Ausbruch des Thera-Vulkans um 1500 v.Chr. bekannt wurde, ist **Nysiros** der einzige Vulkan, an dem noch bemerkenswerte Aktivität zu verzeichnen ist. Am Ende des Mittelalters ist er strombolianisch tätig gewesen. Im 19. Jahrhundert erfolgten Auswürfe von Stein- und Schlammassen.

Landschaft	Gefahren	wichtige Ausbrüche	beste Zeit
****	*Pickel und Steigeisen nützlich*	*1845-47, 1947, 2000*	*Juli, Aug.*
****	*extreme Witterung*	*1875, 1924-29*	*Juli, Aug.*
***	*große für Neapel;* **sonst z.Zt. geringe**	*79, 1631-32,* **1875-1906, 1944**	*Mai, Juni,* **Sept., Okt.**
****	*große am SO-Krater und bei starker Tätigkeit des Zentralkraters*	*1669, 1928, 1971, 1983, 1992, 1999, 2000*	*Mai, Juni, Sept., Okt.*
****	*große nur in Kraternähe*	*1930; daueraktiv*	*Mai, Juni, Sept., Okt.*
****	*keine*	*1.500 v.u.Z, 1925*	*Mai, Juni, Sept., Okt.*
***	*keine*	*1871-73, 1888*	*Mai, Juni, Sept., Okt.*

Auf der Insel **Milos** gibt es noch einige Thermalzonen und Solfataren. Auf **Kos** ist Vulkanismus nur noch in wenigen Resten vorhanden. In der Gegend von Sousaki existieren einige Fumarolen.

Atlantik

Kanarische Inseln

Vulkanisch interessant sind für den Laien vor allem **Lanzarote** und **Teneriffa,** da die vulkanische Aktivität auf diesen Inseln am deutlichsten sichtbar und spürbar ist. Höhepunkte sind die Besteigung des **El Teide** auf Teneriffa sowie ein Besuch des Parque Nacional de Timanfaya mit den **Montanas del Fuego** auf Lanzarote.

Die Kanarischen Inseln sind aufgrund ihres milden, vom Passat geprägten Klimas ein klassisches Ganzjahresreiseziel und ideal für Familientouren. Für Vulkanbesteigungen eignet sich vor allem die Zeit zwischen April und Juni.

Vulkane auf den Kanarischen Inseln

Vulkan/Gesteinsart	Vulkantyp	Land, Region	Erreichbarkeit
Teide *(3715 m)* *Basalt, Phonolith*	*Stratovulkan*	*Spanien, Teneriffa*	*leicht, Tagestour*
Montanas del Fuego *(670 m)*	*Spaltenvulkane*	*Spanien, Lanzarote*	*leicht, Tagestour*

Vulkane auf den Azoren

Vulkan/Gesteinsart	Vulkantyp	Land, Region	Erreichbarkeit
Furnas *(805 m)* *Basalt, Bims*	*Stratovulkan*	*Portugal, Furnas*	*leicht, Tagestour*
Pico *(2351 m)* *(Pico), Basalt*	*Stratovulkan*	*Portugal, Pico*	*1-2 tägiges Trekking*

Azoren

Die portugiesischen Seefahrer müssen nicht schlecht gestaunt haben, als sie um das Jahr 1430 herum plötzlich mitten im Atlantik grüne Hügel aufragen sahen. Bekannt sind die Azoren vor allem als Europas Wetterküche. Neun Inseln bilden mitten im Ozean den kleinen Archipel: Santa Maria, Sao Miguel, Ponta Delgada, Corvo, Flores, Terceira, Faial, Pico, Sao Jorge und Graciosa.

Nicht zu übersehen ist die kleine Insel **Pico.** Dies schon deshalb nicht, weil sich auf ihr der höchste Berg Portugals, der 2.351 Meter hohe Vulkan Pico befindet. Pico war einst das Zentrum des Walfangs im Archipel. Heute ist „Whale Watching" neben den Vulkanen eine der Hauptattraktionen für die Besucher. Interessant für Vulkanliebhaber ist natürlich vor allem ein Besuch des Pico, sofern sich dieser nicht gerade in Wolken versteckt.

Da sich die Azoren genau am Schnittpunkt dreier Lithosphärenplatten befinden (der Eurasischen,

Landschaft	Gefahren	wichtige Ausbrüche	beste Zeit
***	*plötzlicher Höhenwechsel*	*1492, 1798*	*Apr.-Juni, Sept.*
****	*keine*	*1730-36*	*Apr.-Juni, Sept.*

Landschaft	Gefahren	wichtige Ausbrüche	beste Zeit
***	*keine*	*1630*	*Juli, Aug.*
****	*geringe*	*1963?, 1720*	*Juli, Aug.*

der Nordamerikanischen und der Afrikanischen Platte), ist es nicht schwer, auch auf den übrigen Inseln vulkanische Aktivität zu beobachten. Auf **Sao Miguel** wird der traditionelle Eintopf „Cozido das Furnas" auch noch heute in Erdöfen, nur mit Hilfe der geothermalen Hitze zubereitet.

Afrika

La Réunion

Die Insel der Wiedervereinigung gehört geographisch zu Afrika, politisch jedoch zu Frankreich und damit zur Europäischen Gemeinschaft. Entsprechend hoch sind die Kosten der Anreise und des Aufenthaltes. Die grandiose Natur und die äußerst bemerkenswerte Aktivität des fast 3000 Meter hohen **Piton de la Fornaise** entschädigen jedoch für den tiefen Griff ins Portemonnaie. Für echte Vulkanfreunde ein Muß!

Literaturtip
„Tansania, Sansibar", Reise Know-How, ISBN 3-89416-814-5

Tanzania und Kenya

Auf dem afrikanischen Festland verläuft der **Ostafrikanische Grabenbruch, das Rift-Valley.** Das Rift Valley ist ein über 6000 Kilometer langer Riß in der Erdkruste, der sich von Mozambique bis in den Libanon erstreckt. Ein Abzweig des Grabenbruches bildet den Rheingraben, dessen Ausläufer bis nach Deutschland reichen und für bedeutenden Vulka-

Vulkane auf La Réunion

Vulkan/Gesteinsart	Vulkantyp	Land, Region	Erreichbarkeit
Piton de la Fournaise *(2631 m) Basalt*	*Schildvulkan, Caldera*	*Frankreich, Réunion*	*2-Tagestour; anstrengend; Beobachtung auch vom Highway aus möglich!*

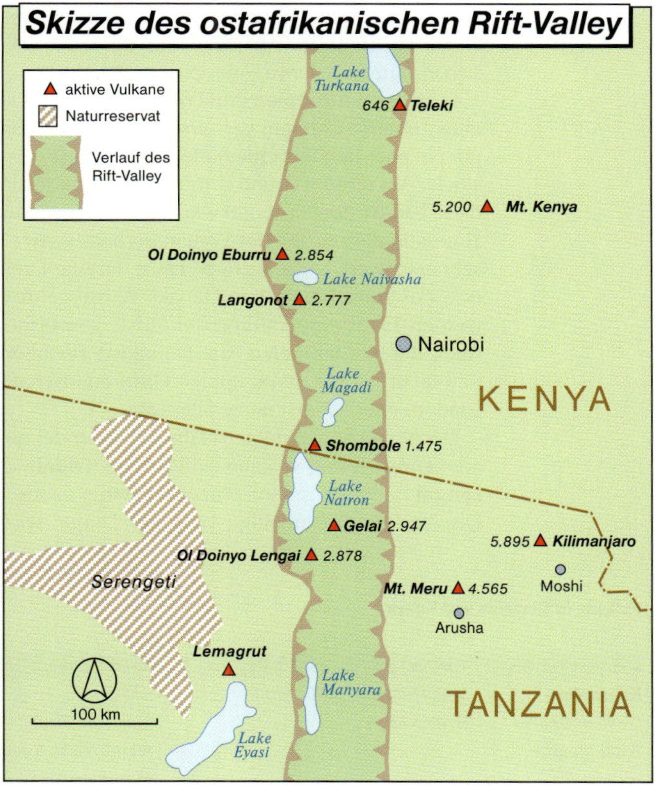

Landschaft	Gefahren	wichtige Ausbrüche	beste Zeit
****	*große bei schnellfließenden Lavaströmen*	*>100 in den letzten 300 Jahren, 1985-88, 1996-99*	*ganzjährig möglich*

nismus, z.B. am Kaiserstuhl, verantwortlich waren. Der interessanteste Abschnitt des Rifts erstreckt sich in Tanzania, Kenya, Äthiopien und Erithrea.

Leider sind **Äthiopien und Erithrea** seit Jahren in einen ebenso blutigen wie sinnlosen Bürgerkrieg um ein paar hundert Quadratkilometer Wüste verstrickt. Aus diesem Grund kommen Vulkanreisen in diese Länder derzeit so gut wie nicht in Frage. Was Touren in diesem Teil der Welt außerdem generell sehr erschwert, ist die extreme Hitze. Im Afar-Dreieck, das zur äthiopischen Danakil-Wüste gehört, werden Tagestemperaturen um 55° C gemessen. Auch die hier lebenden Afar-Nomaden zeichnen sich nicht gerade durch üppige Gastfreundschaft, sondern eher äußerst rauhe Sitten aus.

Der Natronsee, in dessen Nähe sich einer der bemerkenswertesten Vulkane der Welt, der **Oldoinyo Lengai** befindet, ist eine Hitzefalle ersten Grades. Die stark karbonathaltige Lava des Lengai wird

Vulkane in Tanzania und Kenya

Vulkan/Gesteinsart	Vulkantyp	Land, Region	Erreichbarkeit
Kilimanjaro *(5895 m Uhuru Peak), Basalte*	*Schildvulkan, Stratovulkan*	*Tanzania*	*Kibo: Marangu-Route: relativ leicht, 4 Tage Machame-Route: 3 Tag anspruchsvoll; Shira-Plateau-Route: Jeep bis 3500 m + 2 Ta Trekking; in der Regen zeit viel Schlamm!*
Oldoinyo Lengai *(2878 m) Karbonatit, Basalt*	*Stratovulkan*	*Tanzania*	*schwieriges Trekking, vom Camp bis Kraterrand ca. 6 h, inzwische häufiger begangen*

schon bei 600° C flüssig. Der (teils erstarrte) Lavasee dieses Vulkans verzeichnet Stadien mit wechselnder Aktivität. Bei Ausbrüchen überzieht der Lengai seine Umgebung mit schneeweißen Soda-Ablagerungen – winterliche Stimmung in Tanzania.

Noch ein Tip für den **Kilimanjaro:** Man besteigt diesen Berg am besten von Westen, über das Shira-Plateau. Nur auf dieser Route wird der ganze Umfang und die wahre Größe des Giganten voll sichtbar. Oberhalb der Shira-Hütte mündet die Route dann in die ebenfalls weniger stark frequentierte Machame-Route. Der übliche und von den meisten Touristen begangene Aufstieg zum Kibo (den Ostgipfel Mawenzi machen nur ganz wenige) verläuft über die von Osten heraufführende Marangu-Route. Steil und wenig begangen ist die von Norden kommende Loitokitok-Route. Grenzübertritte von und nach Kenya waren im Kilimanjaro-Gebiet bei Drucklegung dieses Buches untersagt.

Landschaft	Gefahren	wichtige Ausbrüche	beste Zeit
****	*Höhe, mangelhafte Akklimatisation; erhebliches Malariarisiko in der Regenzeit.*	*Holozän*	*Nov.-Febr.*
****	*teils starke Aktivität, viele Hornitos; Fließrichtung der Lava genau beobachten!*	*1966-67, 1993*	*Nov.-Febr.*

Bei allen Afrikatouren ist die starke Sonneneinstrahlung zu beachten. Man sollte auch an **medizinische Vorkehrungen,** wie Malariaprophylaxe sowie Impfungen gegen Gelbfieber und Hepatitis, denken. Die **Ausrüstung** muß allen Anfordernissen vom Wüstentreck (Teleki) bis zum Trekking unter winterlichen Bedingungen (Mt. Kenya in der Regenzeit, Kibo) gerecht werden.

Vulkane in den USA und auf Hawaii

Vulkan/Gesteinsart	Vulkantyp	Land, Region	Erreichbarkeit
Haleakala *(3055 m), Basalt*	*Schildvulkan*	*Hawaii*	*leicht, PKW*
Kilauea *(1247 m), Basalt*	*Schildvulkan*	*Hawaii*	*leicht, PKW*
St. Helens *(2549 m), Dacit*	*Stratovulkan*	*Washington*	*anstrengende Tagestour*
Mt. Rainier *(4392 m), Andesit, Dacit*	*Stratovulkan*	*Washington*	*anstrengende Mehrtage-tour; Gletscher (volle Eisausrüstung nötig)*

Vulkane in Mexico

Vulkan/Gesteinsart	Vulkantyp	Land, Region	Erreichbarkeit	L
Popocatépetl *(5452 m) Andesit, Trachybasalt*	*Stratovulkan*	*Mexico*	*Anreise leicht, ab Mexico DF 95 km Bus, ab Tlamacas anspruchs-volle Hochtour in kombiniertem Gelände. Sehr gefährlicher Berg!*	
Volcan Colima *(3850 m) Andesit, Bims*	*Stratovulkan*	*Jalisco*	*Busse ab Mexico DF, ab Hütte (3500 m) ca. 6-8 h*	

Nordamerika mit Mexico

USA mit Hawaii

Gods own Country ist auch für Vulkanologen ein Wunderland, ist doch die vulkanische Aktivität in den USA außerordentlich vielfältig. Sie reicht vom Hot-Spot-Basalt-Vulkanismus der Hawaii-Inseln über die explosive (intermediäre) Tätigkeit der Vul-

Landschaft	Gefahren	wichtige Ausbrüche	beste Zeit
****	*zu rascher Höhenwechsel*	*1790*	*ganzjährig möglich*
****	*schnellfließende Lavaströme*	*seit 1983*	*ganzjährig möglich*
****	*große Vorsicht am Lavadom!*	*1980*	*Juni-Sept.*
****	*Höhe, Spalten, Wetter (Schneestürme, Gewitter)*	*1894?, 1882?*	*Juli-Sept.*

Gefahren	wichtige Ausbrüche	beste Zeit	
****	*große: aufgrund vulkanischer Aktivität, Gletscherspalten großer Höhe. z.Zt. (8/2000) gesperrt!*	*1942-43, seit 1996*	*Nov.-Febr.*
***	*Dez./Jan. Pickel und Steigeisen nötig. Z.T. starke Aktivität!*	*1558, 1622, 1818, 1932, 1999*	*Nov.-Febr.*

Literaturtip
„Hawaii“, ISBN 3-89416-860-9,
„Durch den Westen der USA“, ISBN 3-89662-165-3, beide Reise Know-How

kane des Kaskadengebirges (Cascade Range) bis hin zum sauren Vulkanismus der Yellow-Stone-Caldera (ebenfalls ein Hot-Spot). Dementsprechend vielfältig bzw. unerschöpflich ist das Angebot an möglichen Vulkantouren. Südseeflair auf der einen Seite (Hawaii), subpolares Ambiente der meist vergletscherten Cascades-Vulkane auf der anderen.

Wer die amerikanischen Vulkane (auch die von Hawaii!) zu Fuß besteigen will, muß gut vorbereitet sein. Nicht nur gute Kondition ist hier gefragt, sondern - in den Cascades - auch Fertigkeiten im Umgang mit Eispickel, Seil und Steigeisen.

Mexico

Mexico bietet eine große Auswahl an interessanten Vulkantouren. Die einzelnen Regionen sind mit Straßen bzw. Pisten **gut erschlossen** und meist selbst mit öffentlichen Verkehrsmitteln (Bussen) erreichbar.

Die wichtigsten Vulkane liegen in folgenden Bundesstaaten: Mexico (Popocatépetl, kurz: „Popo“), Puebla (Ixtaccihuatl, kurz: „Ixta“), Chiapas (El Chichon), Jalisco (Volcán de Colima und Nevado de Colima) und Michoacan (Paricutin). Obwohl dies weit auseinander scheint, sind die genannten Vulkane im Rahmen einer vierwöchigen Rundtour durch Mexico leicht zu erreichen. Die Anreise erfolgt aus den USA, von Mexico City, Guatemala oder Cancun.

Wer von Guatemala aus anreist und keine Rundreise durch Mexico plant, dem empfiehlt sich vor allem die - aufgrund der teils dichten Vegetation und Abgelegenheit dieses Vulkans schwierige - Besteigung des **El Chichon,** der bei seinem großen Ausbruch im März 1982 eine Aerosolwolke mit der bislang höchsten Konzentration an Schwefelgasen (SO_2) produzierte.

Auch der Popo und die **Ixta** sind wegen ihrer Nähe zu Mexico City gut geeignete Ziele, wenngleich hier aufgrund der Vergletscherung im Gipfelbereich solide Kenntnisse der alpinen Sicherungs- und Eistechnik gefragt sind.

Literaturtip
„Mexico“, Reise Know-How, ISBN 3-89662-310-9

Für Touren am **Popo** ist aus Sicherheitsgründen eine Konsultation des CENAPRED (Centro Nacional de Prevencion de Desatres - Delfin Madrigal 665, Col. Pedregal de Santo Domingo, Coyoacan, 04360 Mexico D), erforderlich. Leider ist dieser herrliche Vulkan seit der sehr heftigen Eruptionsserie von 1996 für Besteigungen offiziell gesperrt.

Kleine Antillen

Die in der Karibik gelegenen und zum Teil unter englischer bzw. französischer Verwaltung stehenden Inseln sind Perlen - nicht nur in vulkanischer Hinsicht. Wer hier Urlaub machen und/oder forschen kann, fühlt sich im Paradies. Allerdings sind auch die Preise nicht von Pappe.

Berühmt berüchtigt ist die **Montagne Pelée** auf Martinique, die 1902 innerhalb von Sekunden die 30.000 Einwohner zählende Stadt St. Pierre auslöschte - Ursache: eine Glutwolkeneruption. Auch der **Soufrière de Saint-Vincent** und der **Soufrière de Montserrat** sind hochaktive und sehr gefährliche Vulkane, wie die Ausbrüche der letzten Jahre belegen. Auch bei diesen wurden in großem Umfang pyroklastische Ströme gefördert (allerdings von einem etwas anderen Typus als an der Montagne Pelée).

Weitere heftige Aktivitäten sind im gesamten Inselbogen für die Zukunft zu erwarten. Nüchtern betrachtet könnte man sagen, daß die liebliche Inselkette eine Zündschnur zu einem Pulverfaß bildet, über dessen Inhalt man gerade beginnt, sich klar zu werden.

Vulkane auf den Kleinen Antillen

Vulkan/Gesteinsart	Vulkantyp	Land, Region	Erreichbarkeit
Montagne Pelée *(1397 m) Dacit*	*Stratovulkan*	*Frankreich, Martinique*	*leicht, Tagestour*
Souf. St. Vincent *(1220 m) Dacit, Andesit*	*Stratovulkan*	*Frankreich, St. Vincent*	*leicht, Tagestour*
Souf. Montserrat *(915 m) Dacit, Andesit*	*Stratovulkan*	*Großbritannien, Montserrat*	*schwierige Tagestour*

Vulkane in Mittelamerika

Vulkan/Gesteinsart	Vulkantyp	Land, Region	Erreichbarkeit
Irazú *(3432 m) Andesit*	*Stratovulkan*	*Costa Rica*	*leicht, PkW!*
Poas *(2708 m) Andesit, basalt. Andesit*	*Stratovulkan*	*Costa Rica*	*2-Tagestrekking, pro Strecke 10 km*
Arenal *(1657 m) Andesit*	*Stratovulkan*	*Costa Rica*	*leicht; Tagestour, 6 km westlich von Fortuna*
Pacaya *(2552 m) Basalt, Andesit*	*Stratovulkan*	*Guatemala*	*leicht; Tagestour*
Santa Maria *(3772 m) Dacit, Andesit*	*Stratovulkan (Lavadom am Santiaguito)*	*Guatemala*	*recht anspruchsvolles Trekking, 2-3 Tage*
Fuego *(3763 m) Andesit*	*Stratovulkan*	*Guatemala*	*wie Santa Maria*
Masaya *(635 m) Basalt, Andesit*	*Caldera 6 x 11 km*	*Nicaragua*	*leicht, PkW (im übrige[n] Masaya Nationalpark Guide sinnvoll)*
Cosiguina *(859 m) Andesit, Dacit*	*Stratovulkan*	*Nicaragua, Potosi*	*leicht, Tagestour*
Izalco *(1950 m) basaltischer Andesit*	*Stratovulkan*	*El Salvador*	*leicht, Tagestour, Parkplatz*
San Salvador *(1893 m) wie Izalco*	*Stratovulkan*	*El Salv.ador*	*lange Tagestour von San Salvador*

Landschaft	Gefahren	wichtige Ausbrüche	beste Zeit
****	*große bei Aktivität*	*1902*	*Nov.-März*
****	*große bei Aktivität*	*1902-03, 1979*	*Nov.-März*
****	*große bei Aktivität*	*1995-1999*	*Nov.-März*

Landschaft	Gefahren	wichtige Ausbrüche	beste Zeit
***	*keine*	*1963-65, 1994*	*Nov.-März*
****	*moderate; aber Überraschungen immer möglich*	*1992, 1994, 1996*	*Nov.-März*
****	*wie Poas gelegentlich pyro-klast. Ströme*	*1968-2000, daueraktiv*	*Nov.-März*
****	*große bei starker Aktivität; häufig Lavaströme*	*1998-2000, daueraktiv*	*Nov.-März, Juli + Aug.*
***	*moderat; (Lavadomkollaps am 6.2.1997)*	*1902, 1922-99*	*Nov.-März, Juli + Aug.*
****	*z.Zt. nur milde Tätigkeit*	*1932, 1974*	*Nov.-März, Juli + Aug.*
***	*moderate; der Krater enthält verflüssigten Schwefel*	*1993-94, 1996*	*Nov.-März*
***	*keine*	*23.1.1835*	*Nov.-März*
****	*geringe*	*1948-57, 1966*	*Nov.-März*
	geringe	*1806, 1917*	*Nov.-März*

Mittelamerika

Literaturtip
„Costa Rica“,
ISBN 3-89416-641-x

„Guatemala“
ISBN 3-89416-214-7,
beide
Reise Know-How

So ähnlich die kleinen Länder Mittelamerikas Costa Rica, Guatemala, El Salvador und Nicaragua sich auf den ersten Blick auch sein mögen, so verschieden zeigen sie sich dem, der sich die Zeit nimmt, sie ausführlich zu bereisen. Daß sie wie alle Länder Mittelamerikas hochinteressante Vulkangebiete besitzen, die zum „Ring of Fire“ gehören, macht sie für uns noch anziehender.

Die schönsten Vulkane Mittelamerikas stehen in **Costa Rica** und **Guatemala.** Vulkanreisen in Länder sind gegenwärtig ohne größere Probleme möglich. Für Leute, die auf die deutschen Schulferien angewiesen sind, bietet Guatemala zudem einen Vorteil: von Mitte Juli bis Mitte August herrscht hier eine kleine Trockenzeit, die auch Vulkanbesteigungen ermöglicht. Besonders interessante Ausbrüche mit großen Lavafontänen waren in der letzten Zeit am **Pacaya** zu beobachten.

Neben den Vulkanen haben die Länder Mittelamerikas natürlich noch eine ganze Menge mehr zu bieten. Erwähnt seien hier vor allem die Ruinen der Maya-Festungsstadt Tikal, tief im Dschungel Guatemalas. Auch den Besuch des Atitlán-Sees (Lago de Atitlán) sollte man auf einer Reise durch Guatemala keinesfalls versäumen, zumal von hier aus Touren zu den Vulkanen **Atitlán** (3537 m) und **Tolimán** (3158 m) unternommen werden können.

Wer wenig Zeit hat, dem sei vor allem die Besteigung des **Poàs** und des **Irazú** empfohlen. Auch der **Arenal** (alle drei in **Costa Rica**) ist leicht erreichbar.

Ein besonderer Paukenschlag erschütterte am 23.01.1835 den **Cosiguina in Nicaragua**. Einst der größte Vulkan Nicaraguas, schrumpfte er bei der Eruption von über 3.000 m auf schlappe 859 m. Grund genug, ihn zu besuchen, auch wenn die vulkanische Aktivität seitdem drastisch zurückgegangen ist. Die Tour ist eine einfache Bergwanderung mit herrlichem Blick über die blaugrüne Lagune des großen Kratersees!

Südamerika

Ecuador und Galapagos-Inseln

Das kleine Land am Äquator ist in vielerlei Hinsicht ein faszinierendes Reiseland. Nicht nur Vulkane sind hier zu bewundern, auch Regenwälder in bemerkenswert gutem Zustand stehen (noch?) in Ecuador und zwar vor allem im Oriente, an der Grenze zu Peru.

Literaturtip
„Ecuador/ Galapagos“, Reise Know-How, ISBN 3-89416-815-3

Die **Galapagos-Inseln** sind ohnehin in jeder Beziehung ein Kleinod, ein Refugium, eine Arche Noah für Tier- und Pflanzenarten, die es von jeher nur dort gegeben hat. Die Inseln sind übrigens, was nicht jeder weiß, auch ein äußerst bemerkenswertes Vulkangebiet, in dem gewaltige Ausbrüche stattgefunden haben und dessen vulkanische Aktivität nach wie vor bedeutend ist. Die Galapagos-Inseln zählen derzeit 9 aktive Vulkane, bei denen es sich ausschließlich um basaltische Schildvulkane handelt. Einer von ihnen, der **Cerro Azul,** ist in letzter Zeit besonders häufig und auch relativ stark aktiv gewesen.

Auf dem Festland besitzt Ecuador ebenfalls 9 aktive Vulkane. Da die beiden Kordilleren, in denen auch die Vulkane des Festlandes stehen, als Wetterscheiden wirken, sind für Reisen nach Ecuador die klimatischen Umstände besonders zu berücksichtigen. Die im Oriente und angrenzenden Gebieten befindlichen Vulkane (z.B. Tungurahua und Sumaco) können nur in einer relativ kurzen Zeitspanne, etwa zwischen November und März, besucht werden. Die meisten anderen Vulkane sind das ganze Jahr über zugänglich, wenngleich auch hier die Monate zwischen November und April die wettermäßig besten sind. Der **Cotopaxi** besitzt ein eigenes, relativ trockenes Mikroklima. Schneestürme sind hier jedoch sowohl in der sogenannten „besten Jahreszeit" als auch im „Winter" möglich. Vor diesen sei im übrigen, genau wie vor den Spalten des Cotopaxi-Gletschers, eindringlich gewarnt. Auch wenn es in den letzten Jahren ein wenig in Mode gekommen ist, den Cotopaxi quasi als „Latschberg" von Quito aus „mitzunehmen" (und die Bergführer in Quito tun alles, um die Touristen in diesem Glau-

Vulkane in Ecuador

Vulkan/Gesteinsart	Vulkantyp	Land, Region	Erreichbarkeit
Tungurahua *(5023 m) Andesit, basaltischer Andesit*	*Stratovulkan*	*Ostkordilleren*	*Bus bis Banos, von dort 3200 m Aufstieg(! bis Krater; Gletscher!*
Reventador *(3562 m) Andesit, basaltischer Andesit*	*Stratovulkan*	*Ostkordilleren*	*relativ schwieriges Gelände; dennoch oft bestiegen*
Cotopaxi *(5911 m) Pyroxen-Andesit*	*Stratovulkan*	*Westkordilleren*	*8 Std. Gletscher-tour ab Ribas-Hütte*
Cerro Azul *(1960 m) Basalt*	*Schildvulkan (Caldera)*	*Galapagos*	*leicht, Tagestour, Jeep möglich*

Vulkane in Chile

Vulkan/Gesteinsart	Vulkantyp	Land, Region	Erreichbarkeit
Lascar *(5592 m) Latitandesit*	*Stratovulkan*	*Atacama*	*schwierig, sehr abgelegen*
Tupungatito *(6000 m) Latitbasalt*	*Stratovulkan*	*Zentralchile*	*relativ leicht, ca. 5 Tage ab Santiago; lohnend für Leute mit 6000er Ambitione*
Villarica *(2847 m) Andesit*	*Stratovulkan*	*Zentralchile*	*relativ leicht, ca. 2 Tage, vergletschert*
Osorno *(2657 m) Andesit*	*Stratovulkan*	*Südchile*	*überraschend leicht, vergletschert*

ben zu lassen), so bleibt er dennoch ein ernst zu nehmender beinahe 6000er. Im übrigen gibt es hier, wie in den meisten anderen Andenbergen, faktisch keine funktionierende Bergrettung. Wenn etwas passiert, muß die Gruppe versuchen, aus eigenen Kräften mit der Situation klarzukommen.

Gute Vorbereitung, entsprechendes technisches Können und geeignete Ausrüstung kommen ganz besonders hier, wie auch am **Chimborazo,** einer Lebensversicherung gleich.

Landschaft	Gefahren	wichtige Ausbrüche	beste Zeit
****	*Höhe, Aktivität, Vereisung*	*1916-25, 1999*	*Nov.-Jan.*
****	*Wenige. Aber gute Möglichkeiten, sich zu verirren.*	*1973-74, 1976*	*Nov.-Jan.*
****	*Spalten, Höhe*	*1877, 1940*	*Nov.-Jan.*
****	*wenn aktiv, dann oft Lavafontänen*	*1998*	*Nov.-Jan.*

Landschaft	Gefahren	wichtige Ausbrüche	beste Zeit
***	*z.Zt. nur geringe, große Höhe*	*1993*	*ganzj. möglich.*
***	*geringe, Höhe ist nicht zu unterschätzen, Stürme Gewitter*	*1986*	*Nov.-Febr.*
****	*Gletscher; Aktivität*	*1998-99*	*Nov.-Febr.*
****	*Gletscherspalten, steiles Eisfeld*	*1869*	*Nov.-Febr.*

Chile

Auch Chile ist ein Vulkanland par excellence. 45 aktive Vulkane hat das schmale, nahezu 4.200 km lange Land aufzuweisen. Einige von ihnen, wie etwa der in der Atacama-Wüste gelegene, kaum bekannte **Lascar** oder der **Llaima** waren in der Vergangenheit sehr heftig tätig.

Literaturtip
„Chile & Osterinseln", Reise Know-How, ISBN 3-89416-814-5

Wenn man Chile von Nord nach Süd durchquert, erlebt man ähnliche Landschaften wie auf einer Fahrt von Skandinavien in die Sahara. Allerdings mit einem sehr wesentlichen Unterschied: durch den Einfluß des kühlen Humboldt-Stromes sind die Übergänge zwischen den Klimazonen erheblich direkter. Außerdem bilden die bis 7.000 Meter aufragenden Anden eine extreme Klimascheide. Die wichtigsten Vulkangebiete Chiles liegen in der Atacama-Wüste, in Zentralchile (Gebiet um Santiago) und im Südchilenischen Wald- und Seenland. Auch die chilenischen Vulkane gehören zum „Ring of Fire" und zeigen eine meist mäßig explosive Tätigkeit.

Vorder- und Zentralasien

Vorderasien

Neben dem Iran besitzt die **Türkei** die bemerkenswertesten Vulkangebiete Vorderasiens. Obwohl das Land in unseren Zeitungen eher durch verheerende Erdbeben von sich reden macht, weist es doch eine bewegte vulkanische Vergangenheit auf, deren Spuren man an vielen Orten sehr gut studieren kann. Die wichtigsten Vulkane bzw. Vulkanfelder findet man in der Provinz Kappadokien (Göreme-Gebiet, Erciyes Dagi, Nemrut Dagi). Aber auch die Osttürkei ist vulkanisch interessant und besitzt mit dem 5137 Meter hohen (erloschenen) **Ararat,** dem Bibelberg der Sintflut (türkisch: Agri Dag), nicht nur den höchsten Berg des Landes, sondern zugleich einen der mächtigsten Vulkane Asiens. Wer sommerliche Hitze nicht scheut und mit stabilem Wetter rechnen möchte, kann die Vulkangebiete der Türkei auch in den Sommerferien besuchen.

Zentralasiatisches und ostasiatisches Festland

Die schönsten Vulkane des zentral- und ostasiatischen Festlandes findet man in **China** (Tien-Shan). Auch der 2744 Meter hohe, im Grenzgebiet zwischen China und Nordkorea, aber noch auf chinesischem Territorium gelegene **Baitoushan,** der ca. um 970 einen der bedeutendsten Ausbrüche in historischer Zeit lieferte, macht durch seine einmalig schöne Gipfelcaldera auf sich aufmerksam.

Literaturtip
„Chinas Osten“, Reise Know-How, ISBN 3-89416-680-0

Ostasien (ostasiatische Inselbögen)

Japan

Japan ist bekanntermaßen eines der vulkanisch aktivsten Länder der Erde. Im Prinzip kann man hier nahezu alle Formen und Erscheinungen vulkanischer Aktivität beobachten.

Die japanischen Inseln beherbergen eine Vielzahl von **Vulkanzonen.** Die wichtigsten sind: die Nasu-Zone, die im Westen von Hokkaido beginnt und sich bis nach Honshu hineinzieht (u.a. Usu, Komagatake und Bandaisan). Die Chokai-Zone, die entlang der westlichen Begrenzung von Honshu verläuft (u.a. Asama-yama). Die Aso-Zone, die sich quer durch Kyushu zieht (u.a. Aso und Unzen). Die Kirishima-Ryukyu-Zone verläuft vom südlichen Kyushu bis zu den Pescadores-Inseln (u.a. Sakura-Jima). Die Fuji-Zone schließlich beginnt an der Fossa Magna, im mittleren Teil von Honshu, und zieht sich weit südwärts in den Stillen Ozean, bis hinaus zu den Vulkaninseln (u.a. Fuji, Asama).

Die japanischen Vulkane gründlich kennenlernen zu wollen, bedeutet ganz sicher, mehrere ausgedehnte Reisen unternehmen zu müssen, was angesichts der **hohen Lebenshaltungskosten** in Japan kein ganz billiges Vergnügen ist. Dennoch: die japanischen Vulkane zählen zu den interessantesten überhaupt, leider aber auch zu den gefährlichsten. Sich ihnen im Alleingang zu nähern, erfordert deshalb viel Erfahrung. Aber nicht nur die Vulkane sind in Japan unberechenbar, auch das **Wetter** kann aus mancher Tour im Handumdrehen ein Desaster machen. Denn die japanischen Inseln liegen im Durchzugsgebiet der aus Südost (Marianen, Philippinen) kommenden Taifune, mit deren Auftreten man vor allem von Juni bis November immer rechnen muß.

Vulkane in Vorderasien

Vulkan/Gesteinsart	Vulkantyp	Land, Region	Erreichbarkeit
Göreme-Gebiet *(ca. 1300 m) Phonolith, Dacit, Tuffe*	*Spaltenvulkan Aschekegel*	*Kappadokien*	*leicht, Bus oder Sammeltaxi*
Erciyes Dagi	*Stratovulkan*	*Kappadokien*	*Anreise leicht; dann 1-2 täg. Trekking*

Vulkane in Japan

Vulkan/Gesteinsart	Vulkantyp	Land, Region	Erreichbarkeit
Sakura-jima *(1117 m) Latitbasalt*	*Stratovulkan (Postcaldera)*	*Kyushu*	*leicht, Tagestour ab Kagoshima*
Unzen *(1359 m) Andesit, Dacit*	*Komplexvulkan (Lavadom)*	*Kyushu*	*schwieriges Gelände, viele Schluchten, dich[t] Vegetation, vulkan. Ablagerungen*
Komaga-take *(1140 m) Andesit*	*Stratovulkan*	*Hokkaido*	*relativ leichte Tagesto[ur] von Hokodate aus*
Fuji *(3776 m) basaltischer Andesit*	*Stratovulkan*	*Honshu*	*2tägiges Trekking; gutes Hüttennetz, meist viele Touristen*

Südostasien

Geologisch ist die Region außerordentlich vielfältig, da sowohl ozeanisch geprägte Subduktionsstrukturen als auch solche zwischen Kontinentalplatten und Inselbögen (Banda-Bogen; Sunda-Bogen) vorhanden sind. Entlang der Plattengrenzen finden lebhafte Subduktionsprozesse statt, die einen kräftigen Vulkanismus erzeugen. Viele der gefährlichsten Vulkane befinden sich auf den **Philippinen** und in **Indonesien:** Merapi, Krakatau, Pinatubo, Mayon.

Literaturtip
„Bali & Lombok mit Java“, ISBN 3-89416-645-2, Reise Know-How

Landschaft	Gefahren	wichtige Ausbrüche	beste Zeit
****	*keine*	*unsicher ca. 6200-8000 Jahre v.u.Z.*	*Apr.-Okt.*
***	*Höhe; Kälte; Stürme*	*ca. 253?*	*Mai-Sept.*

Landschaft	Gefahren	wichtige Ausbrüche	beste Zeit
***	*keine großen, ist aber vulcanianisch bis strombolianisch daueraktiv*	*1955-99*	*Dez.-Mai*
***	*ich mag das Wort überhaupt nicht, aber der Unzen ist ein Killer!*	*1990-95, 1996*	*Dez.-Mai*
***	*bei Aktivität große, zu pyroklastischen Ausbrüchen neigend*	*1640, 1929*	*Dez.-Mai*
****	*nur im oberen Teil bei Vereisung*	*1707-08*	*Dez.-Mai ganzjährig möglich*

Vulkane auf den Philippinen

Vulkan/Gesteinsart	Vulkantyp	Land, Region	Erreichbarkeit
Mayon *(2462 m)* *Andesit*	*Stratovulkan*	*Luzon*	*überraschend leicht, aber anstrengendes Trekking (2-3 Tage)*
Pinatubo *(1450 m)* *Andesit, Dacit*	*Stratovulkan (Gipfelcaldera)*	*Luzon*	*recht schwieriges Trekking (2-3 Tage)*
Taal *(400 m)* *Andesit, Basalt*	*Stratovulkan/ Caldera*	*Luzon*	*leicht, Tagestour (sehr heiß!)*

Vulkane in Indonesien

Vulkan/Gesteinsart	Vulkantyp	Land, Region	Erreichbarkeit
Krakatau *(813 m)* *Dacit*	*Caldera*	*Sumatra*	*leicht, Boot*
Kerinci *(3805 m)* *Andesit*	*Stratovulkan*	*Sumatra*	*relativ leichtes 2-3tägiges Trekking in herrlicher Landschaft*
Merapi *(2911 m)* *Andesit, Dacit*	*Stratovulkan (Lavadom)*	*Java*	*von N relativ leicht, lange Tagestour*
Bromo *(2329 m)* *Basalte, Andesite*	*Caldera*	*Java*	*leicht, Tagestour*
Semeru *(3676 m)* *Andesit*	*Stratovulkan*	*Java*	*schwieriges, mehrtägiges Trekking, sehr anstrengend*
Agung *(3142 m)* *Basalt. Andesit*	*Stratovulkan*	*Bali*	*relativ leicht, lange Tagestour*
Batur *(1717 m)* *Basalte, Andesite Dacite*	*Caldera*	*Bali*	*leicht, Tagestour auch mit Kindern möglich*
Rinjani *(3726 m)* *Latitandesit*	*Stratovulkan (Caldera)*	*Lombok*	*schwieriges, mehrtägiges Trekking, sehr anstrengend*
Tambora *(2850m)* *Latitandesit, Latitbasalt, Bims*	*Stratovulkan (Caldera)*	*Sumbawa*	*Expedition*

Landschaft	Gefahren	wichtige Ausbrüche	beste Zeit
****	*große, da der Vulkan unberechenbar ist*	*1814, 1897 1968, 1993, 2000*	*Nov.-Apr.*
****	*z.Zt. nur geringe*	*1991*	*Nov.-Apr.*
****	*große bei Aktivität, ist unberechenbar*	*1911, 1965*	*Nov.-Apr.*

Landschaft	Gefahren	wichtige Ausbrüche	beste Zeit
***	*große nur bei Aktivität*	*1883*	*März-Sept.*
****	*brüchiger Kraterrand, moderate Aktivität*	*1969-70, 1998*	*Mai-Sept.*
****	*sehr gefährlich, unberechenbare Aktivität*	*1972-90 1992-98*	*Mai-Sept.*
****	*schmaler Kraterrand*	*1984, 1995*	*Mai-Sept.*
****	*große in der Nähe des aktiven Kraters*	*1967-99*	*Mai-Sept.*
****	*schmaler, brüchiger Grat zw. den Kratern*	*1963-64*	*Mai-Sept.*
****	*nur geringe*	*1963-64, 1995*	*März-Sept.*
****	*Absturzgefahr bei Abstieg in die Caldera*	*1966, 1994*	*Mai-Sept.*
***	*nur geringe, aber sehr mühsamer Aufstieg*	*1815!*	*Mai-Sept.*

Schlammquelle im Yellowstone-Nationalpark

065vu Abb.: tm

Neuseeland

Ganz weit down under gibt es in den Weiten des Pazifik noch ein vulkanisches Kleinod: Neuseeland. Die meisten Vulkane befinden sich auf der Nordinsel und liegen in der seismisch äußerst aktiven Taupo-Vulkanzone. Die bekanntesten sind White Island, Okataina (Tarawera) und Ruapehu. Wem die Aufstiege zu den Kratern zu anstrengend sind oder wem es auf Neuseeland zu oft regnet, der kann auch am Fuße der Vulkane Interessantes erleben und sich z.B. Geysire und heiße Schlammquellen anschauen

Vulkane in Neuseeland

Vulkan/Gesteinsart	Vulkantyp	Land, Region	Erreichbarkeit
White Island (321 m) *Andesit*	*Stratovulkan*	*off-shore NZL/Nordinsel*	*leicht, aber teuer, Boot nötig*
Okataina (Tarawera) (1111 m) *Andesit*	*Lavadom*	*NZL/Nordinsel*	*relativ leicht, 1-2 Tage Trekking*
Ruapehu (2797 m) *Andesit*	*Stratovulkan*	*NZL/Nordinsel*	*relativ leichte Trekkingtour; im Winter Skigebiet*

Mitteleuropa

Last but not least ein Wort zu unseren heimatlichen Gefilden und dem hier vorhandenen bzw. vorhanden gewesenen Vulkanismus. Was die jüngere Vergangenheit betrifft, so ist **Frankreich** zu erwähnen. Im Zentralmassiv, genauer gesagt im Gebiet der Chaîne des Puys, soll sich nämlich noch um 1050 eine Eruption ereignet haben; genauer datiert sind Ausbrüche aus der Zeit um 4000 bis 3450 v.u.Z. und 6760 bis 5750 v.u.Z.

In **Deutschland** müssen wir die Uhr etwas weiter zurückdrehen, um auf die Zeugnisse der letzten direkten vulkanischen Aktivitäten zu stoßen. Relativ junge Vulkane gibt es im Hegau oder im Siebengebirge, aber vor allem auch westlich des Rheins in der Eifel, etwa mit dem Dreiser Weiher-Vulkan, dem Windsbornmaar, dem Toten Maar oder dem Laacher See, der seinen letzten großen Ausbruch vor ca. 11.000 Jahren hatte. Die damals ausgeworfenen Aschen konnten sogar bis Skandinavien nachgewiesen werden.

Bedeutender Basaltvulkanismus fand in Deutschland im Tertiär statt. Auf diesen sind u.a. das heutige Vogelsbergmassiv (Mitteleuropas größter Vulkan), die Basaltberge der Rhön und die Basalt- und Pho-

Landschaft	Gefahren	wichtige Ausbrüche	beste Zeit
****	*geringe*	*1976-82*	*Nov.-Febr.*
***	*geringe*	*1886*	*Nov.-Febr.*
***	*geringe*	*1996-97*	*Nov.-Febr.*

nolithkuppen des Erzgebirges und der Oberlausitz zurückzuführen.

Riesige Ausbrüche ereigneten sich in der noch weiter zurückliegenden Vergangenheit. Vor 220 bis 300 Millionen Jahren, also zu der Zeit, als der Urkontinent Gondwana gerade zerfiel, fand eine weitaus heftigere Vulkantätigkeit statt, als wir sie heute selbst von den stärksten Ausbrüchen her kennen. Unvorstellbare Ignimbritmassen wurden aus Spalten und Stratovulkanen gefördert und überdeckten riesige Areale. Im Nahegebiet, aber auch im Nordwestsächsischen Vulkankomplex kann man die Reste der damals geförderten Vulkanite bewundern und untersuchen.

Der vermutlich jüngste Vulkan Mitteleuropas steht übrigens nicht in Deutschland. Es ist der ziemlich unbekannte Kammerbühl (Komorni Hurka), 2 km südlich von Franzensbad (Frantiskovy Lazne) in **Böhmen.** Das Böhmische Mittelgebirge wie auch das Duppauer Gebirge waren vor allem im Tertiär und Quartär Schauplatz einer regen vulkanischen Aktivität. Bereits Goethe hat sich mit diesem Vulkanzwerg, der wahrscheinlich zuletzt vor etwa 8000 Jahren eruptierte und heute als kiefern- und buchenbestandener Hügel kaum noch in der Landschaft wahrnehmbar ist, ausgiebig beschäftigt und ihn während seiner Karlsbader und Marienbader Zeit elfmal besucht. Etwas östlich von Franzensbad sind auch heute noch die Mofetten von Soos zu besichtigen, bei denen es sich um kühle Aushauchungen von Kohlensäure handelt.

Wichtige Vulkanobservatorien

Europa

Island

• **Nordisk Vulkvanologisk Institut**
Grenásvegur 50,
108 Reyjavik, Iceland,
www.norvol.hi.is

Italien

• **Osservatorio Vesuviano**
Via Diocleziano 328,
80124 Napoli, Italy,
www.voxneapolis.it/osservatorio.vesuviano/

• **Dipartimento di Scienze Geologiche**
Palazzo delle Science,
Università di Catania ,
Corso Italia 55,
95129 Catania, Italy,
www.geo.mtu.edu/~boris/STROMBOLI.html

La Réunion

• **Observatoire Volcanologique du Piton de la Fournaise**
Institut de Physique du Globe de Paris, Institut National des Sciences de l'Ùnivers,
14 RN3–Km 27,
97418 La Plaine des Cafres,
Réunion, France,
www.volcno.ipgp.jussieu.fr

USA

• **U.S. Geological Survey, Cascades Volcano Observatory**
5400 MacArthur Blvd.,
Vancouver, WA 98661 USA,
www.vulcan.wr.usgs.gov

• **Hawaiian Volcano Observatory**
P.O. Box 51, Hawaii Volcanoes National Park, HI 96718 USA,
www.hvo.wr.usgs.gov

Lateinamerika

Chile

• **Observatorio Volcanologico de Los Andes del Sur**
Casilla 23 D, Temuco, Chile
www.dgf.uchile.cl/salsa/ovdas/ovdas.html

Mexico

• **Colima Volcano Observatory**
University of Colima,
Ave. 25 de Julio #965,
Colima 28045, Mexico,
www.ucol.mx/volcan

Ecuador

• **Instituto Geofisico**
Escuela Politécnica Nacional,
Apartado 17-01-2759,
Quito, Ecuador,
www.hoy.com.ec

Kolumbien

- **Observatorio Vulcanologico y Sismologico de Pasto**
  Carrera 31 # 18-07 Parque Infantil, PO Box 1795,
  Pasto, Colombia,
  www.ingeomin.gov.co/~ovp/

Guatemala

- **Instituto Nacional de Sismologia, Vulcanologia, Meterologia e Hidrologia (INSIVUMEH)**
  Ministerio de Communicaciones, Transportes,
  Obras Publicas y Vivienda, 7 a. Av. 14-57, zona 13, ciudad de Guatemala, 01013 Guatemala

Costa Rica

- **Observatorio Vulcanologico y Sismologico de Costa Rica**
  Universidad Nacional, Apartado 86-3000, Heredia, Costa Rica,
  www.una.ac.cr/ovsi/

Japan

- **Volcanoe Research Center**
  ERI, University of Tokyo,
  Yayoi 1-1-1,
  Bunkyo-ku, Tokyo, Japan,
  www.hakone.eri.u-tokyo.ac.jp/vrc/erup/erup.html

Philippinen

- **Philippine Institute of Volcanology and Seismology (PHIVOLCS)**
  C.P. Garcia St. Diliman,
  Quezon City, Philippines,
  www.philonline.com/~seismo

Indonesien

- **Volcanological Survey of Indonesia**
  Jalan Diponegoro No 57,
  Bandung 40122, Indonesia,
  www.vsi.dpe.go.id

Neuseeland

- **Wairakei Research Center**
  Institute of Geological and Nuclear Sciences,
  Private Bag 2000, Wairakei,
  New Zealand,
  www.gns.cri.nz

Vulkane im Internet

Auch vor den Vulkanen macht das Internet nicht halt. Sowohl Vulkanobservatorien als auch private Anbieter betreiben im World Wide Web (www) inzwischen eine Reihe von Homepages, auf denen man sich mit Informationen für die Vulkanbeobachtung und die Vorbereitung von Vulkantouren versorgen kann.

Es gibt ferner weltweit eine Reihe von Vulkanen mit sogenannten „Live-Cams", die via Internet alle 30 Sekunden ein aktuelles Bild vom Berg liefern. Die Sache hat vor allem in der Vorbereitungsphase einer Tour einen gewissen praktischen Nutzen, kann aber den Reiz eines Aufstiegs durch Asche, Lava und Geröll nicht ersetzen.

Als Einstieg empfiehlt sich der Suchdienst **www.yahoo.com**. In der Sparte „Earth Sciences" erreicht man unter „Geology" und „Geophysics" auch „Volcanology". Von hier aus bieten viele Links weitere Möglichkeiten, sich im Internet nach Vulkanen und Vulkanfreunden umzusehen.

www.stromboli.net

Die von den Schweizern Juerg Alean und Roberto Carniel eingerichtete Stromboli Online (SOL)-Homepage ist sehr interessant. Auf dieser kann man sich nicht nur umfassend über die Tätigkeit von Ätna, Stromboli und allerlei anderen Vulkanen informieren, sondern auch topaktuelle Nachrichten über alle möglichen Eruptionen abrufen, an virtuellen Vulkanbesteigungen teilnehmen und sich über das Wetter am Zielort (Zielvulkan) informieren. Wer möchte, kann sich sogar monatlich die auf den letzten Stand gebrachten Daten kostenlos per E-Mail nach Hause senden lassen.

Abgesehen von den genannten Vorzügen für die Informationsbeschaffung, ist das Internet natürlich auch ein guter Ort, um Bekanntschaften mit anderen Vulkanfreunden anzuknüpfen.

Auf den folgenden, nur als Beispiel genannten Homepages (praktisch gibt es wesentlich mehr), kann man in vulkanische Bereiche vorstoßen. Hierbei ist jedoch zu beachten, daß Web-Adressen gelegentlich wechseln. Es ist daher nicht auszuschließen, daß die eine oder andere Homepage schon nicht mehr unter der genannten Adresse erreichbar ist.

www.volcano.si.edu/gvp

Hervorragende Web-Site des Smithsonian Institution Washington, das auch Herausgeber des monatlich erscheinenden „Global Volcanisme Network" ist (Bezugspreis außerhalb der USA 39$ jährlich). Die Homepage enthält folgende Abteilungen: Preliminary Notices (Aktuelle Neuigkeiten), Volcanic Activity Reports, Volcanoes of the World, Products, Site & Program Information, Volcano Net Links. Über diese Site kann man auch alle möglichen Bücher, Videos und CD-ROM zum Thema Vulkane bestellen. Bezahlt wird mit Kreditkarte.

http://vulcan.wr.usgs.gov/ home.html

Sehr gute Homepage des US-Geological Survey. Vor allem interessant für Leute, die sich umfassend über die Vulkane des amerikanischen Kaskadengebirges informieren möchten. Gute Volcanoe-Netlinks. Sehr informativ.

www.geo.mtu.edu/ volcanoes/other.html

Etwas Staaten-lastige Site der Michigan Technological University mit guten Links zu anderen Sites und einem sehr interessanten Guestbook mit mindestens 3.000 Einträgen (ich habe es bis jetzt noch nicht geschafft, es zu Ende zu lesen).

http://volcano.und.nodak.edu

Diese Site nennt sich auch „Volcanoe World“ und enthält gut bebilderte und informative Daten zu allen aktuellen Eruptionen. Live Cameras machen virtuelle Besuche der Eruptionen möglich.

http://volcano.und.nodak.edu /vwdocs/current_volcs/current.html bietet einen ziemlich aktuellen und detaillierten Zugriff auf Berichte über alle derzeitigen Vulkanaktivitäten (Zeitverzug etwa fünf Tage).

www.dartmouth.edu

Sehr gute Homepage des Dartmouth College, 6105 Hanover, NH, USA. Unter „Earth Sciences“ Zugriff auf The Electronic Volcano (auch in deutsch), den Katalog der aktiven Vulkane der Welt (basiert auf „Volcanoes of the World“ von Simkin & Siebert, Smithsonian, 1994).

www.avo.alaska.edu

Wer es frostiger mag, kann sich hier über die Vulkane Alaskas und Kamtschatkas informieren. Insbesondere in Bezug auf Kamtschatka scheint sich in den letzten Jahren einiges Positives getan zu haben. Wer Touren in diesen Regionen organisieren will, findet auf dieser Homepage entsprechende Links für Kontakte.

www.ees.nmt.edu/geop/erebus.html

Feuer und Eis – diesen Kontrast findet man wohl am ausgeprägtesten in der Antarktis, die überraschend viele Vulkane aufzuweisen hat. Auf der Homepage des Mt.-Erebus-Observatoriums in der Antarktis, nahe der McMurdo-Station, kann man sich über alles, was mit der Aktivität der Antarktis-Vulkane zu tun hat, informieren. Der Mt. Erebus ist der bedeutendste aktive Vulkan der Antarktis (3794 m). Seit 1972 ist er faktisch ununterbrochen tätig. Er besitzt einen Lavasee mit phonolithischer Zusammensetzung, was insoweit besonders bemerkenswert ist, als die anderen auf der Erde existierenden Lavaseen (z.B. Nyiragongo, Kilauea) alle basaltischen Charakter aufweisen. Die Jungs vom Observatorium verraten zwar nicht, wie man zum Erebus gelangen kann, aber allein die Bilder sind sehenswert!

www.volcanoes.de

Über den „Deutschen Bildungsserver" erreicht man die Homepage von Marc Szeglat und Freunden. Die verschworene Vulkantruppe präsentiert eine sehr sehenswerte Site mit hervorragenden Fotos und hilfreichen Links zu vulkanisch interessanten Themen. Unbedingt anschauen!

www.pingweb.de/deckarm/dvg.htm

Abschließend sei noch auf die Homepage der Deutschen Vulkanologischen Gesellschaft e.V. mit Sitz in Mendig/Eifel verwiesen. Wer sich für die Eifelvulkane interessiert, deren aktiver Schutz erklärtes Ziel der Arbeit des Vereins und des Mendiger Vulkanmuseums ist, sollte dort unbedingt vorbeischauen.

067vu Abb.: tm

Anhang

Die erwähnten Vulkane im Überblick

Vulkan	Höhe	Land	Typ
Agung	*3142 m*	*Indonesien, Bali*	*Stratovulkan*
Askja	*1516 m*	*Island*	*Stratovulkan*
Ätna	*3340 m*	*Italien, Sizilien*	*Schildvulkan, Stratovulkan*
Batur	*1717 m*	*Indonesien, Bali*	*Caldera*
*Chimborazo**	*6310 m*	*Ecuador*	*Stratovulkan*
Colima	*3850 m*	*Mexico*	*Stratovulkan*
Cotopaxi	*5911 m*	*Ecuador*	*Stratovulkan*
El Chichon	*1060 m*	*Mexico*	*Stratovulkan, Lavadom*
El Teide	*3715 m*	*Spanien, Teneriffa*	*Stratovulkan, Caldera*
Erebus	*3794 m*	*Antarktis*	*Stratovulkan*
Galeras	*4276 m*	*Kolumbien*	*Komplexvulkan*
Guagua Pichincha	*4784 m*	*Ecuador*	*Stratovulkan*
Kanlaon	*2435 m*	*Philippinen, Negros*	*Stratovulkan*
Katmai	*2047 m*	*USA, Alaska*	*Stratovulkan*
Kerinci	*3805 m*	*Indonesien, Sumatra*	*Stratovulkan*
Kilauea	*1247 m*	*USA, Hawaii*	*Schildvulkan*
*Kilimanjaro**	*5895 m*	*Tanzania*	*Schildvulkan, Stratovulkan*
Krakatau	*813 m*	*Indonesien, Sumatra*	*Caldera*
Lascar	*5592 m*	*Chile*	*Stratovulkan*
Mauna Loa	*4170 m*	*USA, Hawaii*	*Schildvulkan*
*Mauna Kea**	*4205 m*	*USA, Hawaii*	*Schildvulkan*
Mayon	*2462 m*	*Philippinen, Luzon*	*Stratovulkan*
Merapi	*2911 m*	*Indonesien, Java*	*Stratovulkan, Lavadom*
Meru	*4565 m*	*Tanzania*	*Stratovulkan*
Montanas del Fuego	*670 m*	*Spanien, Lanzarote*	*Spaltenvulkane*
Pacaya	*2552 m*	*Guatemala*	*Komplexvulkan*
Phlegräische Felder	*458 m*	*Italien*	*Caldera*

Vulkan	Höhe	Land	Typ
Pinatubo	*1450 m*	*Philippinen, Luzon*	*Stratovulkan*
Piton de la Fournaise	*2631 m*	*Frankreich, Réunion*	*Schildvulkan*
Rainier	*4392 m*	*USA*	*Stratovulkan*
Rinjani	*3736 m*	*Indonesien, Lombok*	*Stratovulkan, Caldera*
Ruapehu	*2797 m*	*Neuseeland*	*Stratovulkan*
Ruiz	*5321 m*	*Kolumbien*	*Stratovulkan*
Sabancaya	*5967 m*	*Peru*	*Stratovulkan*
Sangay	*5230 m*	*Ecuador*	*Stratovulkan*
Santorini	*564 m*	*Griechenland*	*Schildvulkan, Caldera*
Semeru	*3776 m*	*Indonesien, Java*	*Stratovulkan*
Spurr	*3374 m*	*USA, Alaska*	*Stratovulkan*
St. Helens	*2549 m*	*USA*	*Stratovulkan*
Stromboli	*926 m*	*Italien, Stromboli*	*Stratovulkan*
Taal	*400 m*	*Philippinen, Luzon*	*Stratovulkan*
Tambora	*2850 m*	*Indonesien, Sumbawa*	*Schildvulkan, Stratovulkan*
Tangkubanprahu	*2084 m*	*Indonesien, Java*	*Stratovulkan*
Ulawun	*2334 m*	*Papua Neuguinea*	*Stratovulkan*
Unzen	*1359 m*	*Japan, Kyushu*	*Stratovulkan, Lavadom*
Vesuv	*1281 m*	*Italien*	*Komplexvulkan*
Virunga/Nyiragongo	*3469 m*	*Kongo*	*Stratovulkan*
Vulcano	*500 m*	*Italien, Vulcano*	*Stratovulkan*

*Die mit * gekennzeichneten Vulkane geltend als inaktiv, da während der letzten 10.000 Jahre keine Ausbrüche erfolgt sind.*

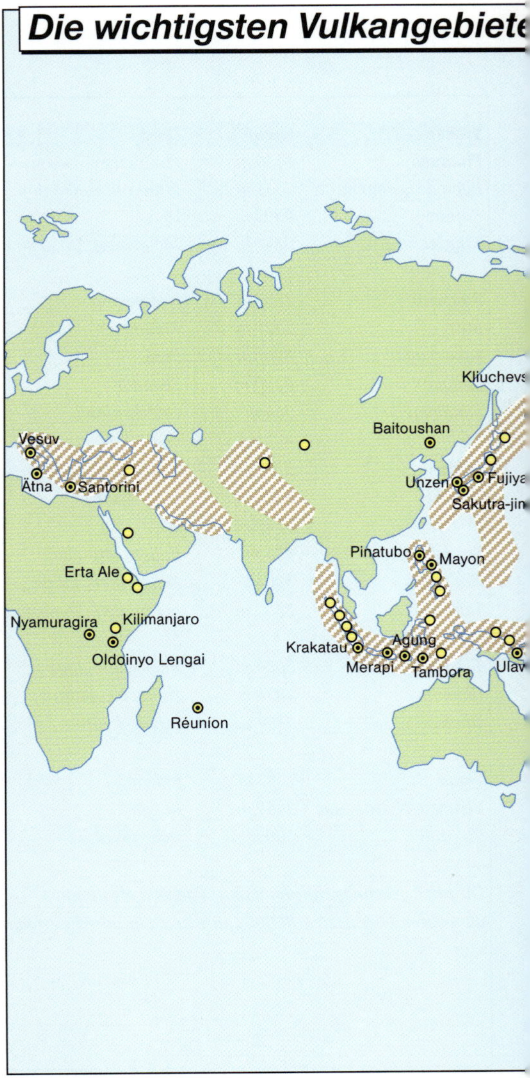
Die wichtigsten Vulkangebiete
Vesuv
Ätna
Santorini
Erta Ale
Nyamuragira
Kilimanjaro
Oldoinyo Lengai
Réuníon
Baitoushan
Unzen
Fujiya
Sakutra-jin
Kliuchevs
Pinatubo
Mayon
Krakatau
Merapi
Agung
Tambora
Ulav

Krafla
Lakagigar
Pavlof
Novarupta
Mt. St. Helens
Furnas
San Jorge
Kilauea
El Teide
Popocatepetl
Pacaya
Pelée
Soufriére St. Vincent
Cosegüina
Nevado del Ruiz
Cotopaxi
Lascar
Villarica
Ruapehu
Besonders erdbebengefährdete Regionen
Einige in historischer Zeit tätige Vulkane
Vulkane mit historisch wichtigen Eruptionen

Literaturtips

Bardintzeff, Jaques-Marie: Vulkanologie,
Enke, Stuttgart 1999.
Komplex geschriebenes, dennoch auch für Laien gut verständliches Buch über die Grundlagen der Vulkanologie, das sich durch die systematische Darstellung vieler aktueller wissenschaftlicher Erkenntnisse auszeichnet.

Jäger, Klaus-Dieter; Stromboli
Akropolis, München, 1998
Aktuelle und reich bebilderte Monografie über Stromboli und die Eolischen Inseln. Da die Tochter des Autors seit vielen Jahren auf Stromboli lebt, erhält der Leser Hintergrundeinblicke ins Inselleben, die dem Touristen meist verschlossen bleiben.

Krafft, Maurice: Führer zu den Vulkanen Europas (3 Bd.),
Enke, Stuttgart 1984.
Praxisgerechter, wenngleich seit der deutschen Erstauflage (1984) nicht mehr aktualisierter Führer, der die wichtigsten Vulkangebiete Europas vorstellt. Ein allgemeiner Teil setzt sich anschaulich mit Grundfragen der Vulkanologie auseinander.

Pichler, Hans: Sammlung geologischer Führer; Italienische Vulkangebiete I–V (Bd. 51, 52, 69, 76, 83),
Gebr. Borntraeger,
Berlin - Stuttgart 1970-1990.
Kompendium der italienischen Vulkangebiete, das zwischen Ätna und Vesuv, Albaner Bergen und Vulcano keine Fragen offen läßt. Zur Vorbereitung von Exkursionen unentbehrlich.

Rittmann, Alfred: Vulkane und ihre Tätigkeit,
Enke, Stuttgart 1981.
Neben der „Encyclopedia of Volcanoes“ schlicht das Standardwerk der Vulkanologie. Kein Autor, der „den Rittmann“ nicht zitiert; kein Wissenschaftler, der nicht in ihm nachschlägt. Obwohl bereits 1936 in erster Auflage erschienen, hat das Buch bis heute nichts an Aktualität eingebüßt.

Sigurdsson, Haraldur: Encyclopedia of Volcanoes,
Academic Press,
San Diego - London 2000
Von der Kritik zu Recht als „Book of the century“ bezeichnet, beinhaltet der 1417 Seiten starke Band das derzeitige Gesamtbasiswissen der Vulkanologie. Geschrieben von insgesamt 112 Experten, wird die Enzyklopädie für die nächsten Jahrzehnte wohl unübertroffen bleiben.

Reise Know-How Bücher werden von Autoren geschrieben, die Freude am Reisen haben und viel persönliche Erfahrung einbringen. Sie helfen dem Leser die eigene Reise bewusst zu gestalten und zu genießen. Wichtig ist uns, dass der Inhalt nicht nur im reisepraktischen Teil „Hand und Fuß“ hat, sondern dass er in angemessener Weise auf Land und Leute eingeht. Die Reihe **Reise Know-How** soll dazu beitragen, Menschen anderer Kulturkreise näher zu kommen, ihre Eigenarten und ihre Probleme besser zu verstehen. Wir achten darauf, dass jeder einzelne Band gemeinsam gesetzten Qualitätsmerkmalen entspricht. Um in einer Welt rascher Veränderungen laufend aktualisieren zu können, drucken wir bewusst kleinere Auflagen.

Rad & Bike:

Reise Know-How Rad & Bike sind Radführer von lohnenswerten Reiseländern bzw. Radreise-Stories von außergewöhnlichen Radtouren durch außereuropäische Länder und Kontinente. Die Autoren sind entweder bekannte Biketouren-Profis oder „Newcomer“, die mit ihrem Bike in kaum bekannte Länder und Regionen vorstießen. Wer immer eine Fern-Biketour plant - oder nur davon träumt – kommt an unseren Rad & Bike-Bänden nicht vorbei!

Deutschland

Hauptstadt Berlin mit Potsdam
ISBN 3-89416-688-6
Insel Amrum
ISBN 3-89416-720-3
Insel Borkum
ISBN 3-89416-632-0
Insel Fehmarn
ISBN 3-89416-683-5
Insel Föhr
ISBN 3-89416-721-1
Harz/Ost
ISBN 3-89416-228-7
Harz/West
ISBN 3-89416-227-9
Insel Langeoog
ISBN 3-89416-684-3
Mecklenburg/Brandenburg Wasserwandern
ISBN 3-89416-221-x
Mecklenburg/Vorpommern Binnenland
ISBN 3-89416-615-0
München
ISBN 3-89416-672-x
Norderney
ISBN 3-89416-652-5
Nordfriesische Inseln
ISBN 3-89416-601-0
Nordseeinseln
ISBN 3-89416-197-3
Nordseeküste Niedersachsens
ISBN 3-89416-603-7
Ostdeutschland individuell
ISBN 3-89662-480-6
Ostfriesische Inseln
ISBN 3-89416-602-9
Ostseeküste/Mecklenburg-Vorpom.
ISBN 3-89416-184-1
Ostseeküste Schleswig-Holstein
ISBN 3-89416-631-2
Rügen und Hiddensee
ISBN 3-89416-654-1
Sächsische Schweiz
ISBN 3-89416-630-4
Schwarzwald
ISBN 3-89416-611-8
Schwarzwald/Nord
ISBN 3-89416-837-4
Schwarzwald/Süd
ISBN 3-89416-650-9
Insel Sylt
ISBN 3-89416-682-7
Thüringer Wald
ISBN 3-89416-651-7
Usedom
ISBN 3-89416-691-6

Europa

Amsterdam
ISBN 3-89416-677-0
Andalusien
ISBN 3-89416-679-7
Bretagne
ISBN 3-89416-175-2
Budapest
ISBN 3-89416-660-6
Bulgarien
ISBN 3-89416-220-1
Costa Brava
ISBN 3-89416-737-8
Costa del Sol
ISBN 3-89416-723-8
Dänemarks Nordseeküste
ISBN 3-89416-634-7
England, der Süden
ISBN 3-89416-676-2
Europa Bike-Buch (Rad & Bike)
ISBN 3-89662-300-1
Gardasee
ISBN 3-89416-729-7
Gran Canaria
ISBN 3-89416-835-8
Großbritannien
ISBN 3-89416-617-7
Hollands Nordseeinseln
ISBN 3-89416-619-3
Irland-Handbuch
ISBN 3-89416-636-3
Island
ISBN 3-89662-035-5
Kärnten
ISBN 3-89662-105-x
Krakau/Warschau
ISBN 3-89416-209-0
Kreta
ISBN 3-89416-739-4
Litauen & Kaliningrad
ISBN 3-89416-169-8
Das Tal der Loire
ISBN 3-89416-681-9
London
ISBN 3-89416-673-8
Madeira
ISBN 3-89416-722-x
Madrid
ISBN 3-89416-731-9
Mallorca
ISBN 3-89662-166-1
Mallorca für Eltern und Kinder
ISBN 3-89662-158-0
Mallorca, Reif für
ISBN 3-89662-168-8

Europa

Mallorca, Wandern auf
ISBN 3-89662-162-9
Malta
ISBN 3-89416-659-2
Nördliche Sporaden
ISBN 3-86-725-4
Nordspanien und der Jakobsweg
ISBN 3-89416-678-9
Nordtirol
ISBN 3-89662-107-6
Oxford
ISBN 3-89416-211-2
Paris
ISBN 3-89416-667-3
Polens Norden Ostseeküste/Masuren
ISBN 3-89416-613-4
Prag
ISBN 3-89416-690-8
Provence
ISBN 3-89416-609-6
Pyrenäen
ISBN 3-89416-692-4
Rhodos
ISBN 3-89416-724-6
Rom
ISBN 3-89416-670-3
Salzburger Land - Salzkammergut
ISBN 3-89662-109-2
Sardinien
ISBN 3-89416-727-0
Schottland-Handbuch
ISBN 3-89416-621-5
Sizilien - Liparische Inseln
ISBN 3-89416-627-4
Skandinavien – der Norden
ISBN 3-89416-653-3
Südnorwegen/Lofoten
ISBN 3-89416-726-2
Toscana
ISBN 3-89416-664-9
Tschechien
ISBN 3-89416-600-2
Umbrien
ISBN 3-89416-728-9
Wien
ISBN 3-89416-697-5

Afrika

Agadir, Marrakesch und der Süden Marokkos
ISBN 3-89662-069-x
Ägypten individuell
ISBN 3-89662-471-7
Äthiopien
ISBN 3-89662-043-6
Botswana
ISBN 3-89416-730-0
Bikeabenteuer Afrika (Rad & Bike)
ISBN 3-929920-15-8
Durch Afrika
ISBN 3-89662-011-8
Kairo, Luxor, Assuan
ISBN 3-89662-460-1
Kamerun
ISBN 3-89662-032-0
Kenia
ISBN 3-89416-732-7
Libyen
ISBN 3-89662-005-3
Madagaskar, Seychellen, Mauritius, Réunion, Komoren
ISBN 3-89662-062-2
Marokko
ISBN 3-89662-081-9
Namibia
ISBN 3-89662-321-4
Simbabwe
ISBN 3-89662-026-6
Südafrika
ISBN 3-89662-340-0
Tansania Handbuch
ISBN 3-89416-812-9
Tunesien
ISBN 3-89662-074-6
Tunesiens Küste
ISBN 3-89662-076-2
Westafrika – Küstenländer
ISBN 3-89662-002-9
Westafrika – Sahel
ISBN 3-89662-001-0

Amerika

Argentinien/Urug./Parag.
ISBN 3-89662-051-7
Atlanta & New Orleans
ISBN 3-89416-230-9
Barbados, St. Lucia ...
ISBN 3-89416-736-x
Canada Ost/USA Nord-Osten
ISBN 3-89662-151-3
Canadas Westen mit Alaska
ISBN 3-89662-157-2
Chile & Osterinseln
ISBN 3-89662-054-1
Costa Rica
ISBN 3-89416-641-x
Dominikanische Republik
ISBN 3-89416-643-6
Ecuador/Galapagos
ISBN 3-89662-055-x
Guatemala
ISBN 3-89416-695-9
Hawaii
ISBN 3-89416-696-7
Honduras
ISBN 3-89416-666-5
Lateinamerika BikeBuch
ISBN 3-89662-302-8
Mexiko
ISBN 3-89662-310-9
New Orleans
ISBN 3-89416-686-x
New York City
ISBN 3-89416-687-8
Panama
ISBN 3-89416-671-1
Peru/Bolivien
ISBN 3-89662-331-1
Radabenteuer Panamericana (Rad & Bike)
ISBN 3-929920-13-1
San Francisco
ISBN 3-89416-735-1
St. Lucia, St. Vincent, Grenada
ISBN 3-89416-642-8
Trinidad und Tobago
ISBN 3-89416-638-x
USA/Canada
ISBN 3-89662-170-x
USA/Canada Bikebuch (Rad & Bike)
ISBN 3-929920-17-4

Amerika

USA mit Flugzeug und Mietwagen
ISBN 3-89662-150-5
USA, Gastschüler in den
ISBN 3-89662-163-7
USA für Sportfans
ISBN 3-89416-633-9
USA - Südwest; Natur- und Wanderführer
ISBN 3-89662-169-6
USA-Westen
ISBN 3-89662-165-3
Venezuela
ISBN 3-89662-040-1

Asien

Auf nach Asien (Rad & Bike)
ISBN 3-89662-301-x
Bali & Lombok mit Java
ISBN 3-89416-645-2
Bali: Ein Paradies wird erfunden
ISBN 3-89416-618-5
Bangkok
ISBN 3-89416-655-x
China Manual
ISBN 3-89416-626-6
China, der Norden
ISBN 3-89416-229-5
Chinas Osten mit Beijing und Shanghai
ISBN 3-89416-680-0
Emirat Dubai
ISBN 3-89662-094-0
Hongkong, Macau und Kanton
ISBN 3-89416-235-x
Indien, der Norden
ISBN 3-89416-738-6
Israel, palästinensische Gebiete, Ostsinai
ISBN 3-89662-451-2
Jemen
ISBN 3-89662-009-6
Jordanien
ISBN 3-89662-452-0
Kambodscha
ISBN 3-89416-233-3
Komodo/Flores/Sumbawa
ISBN 3-89416-060-8
Ladakh und Zanskar
ISBN 3-89416-698-3

Asien

Laos
ISBN 3-89416-637-1
Libanon
ISBN 3-89662-087-8
Malaysia mit Singapur und Brunei
ISBN 3-89416-640-1
Mongolei
ISBN 3-89416-217-1
Myanmar (Burma)
ISBN 3-89662-600-0
Nepal-Handbuch
ISBN 3-89416-836-1
Oman
ISBN 3-89662-100-9
Phuket (Thailand)
ISBN 3-89416-182-5
Rajasthan
ISBN 3-89416-616-9
Singapur
ISBN 3-89416-740-8
Sri Lanka
ISBN 3-89416-170-1
Sulawesi (Celebes)
ISBN 3-89416-635-5
Taiwan
ISBN 3-89416-693-2
Thailand Handbuch
ISBN 3-89416-741-6
Thailand: Tauch- und Strandführer
ISBN 3-89416-622-3
Thailands Süden mit Bangkok
ISBN 3-89416-662-2
Tokyo
ISBN 3-89416-206-6
Vereinigte Arabische Emirate
ISBN 3-89662-022-3
Vietnam-Handbuch
ISBN 3-89416-838-2

Edition RKH

Geschichten aus dem anderen Mallorca
ISBN 3-89662-171-8
Die goldene Insel
ISBN 3-89662-173-4
Mallorquinische Reise
ISBN 3-89662-172-6
Please wait to be seated
ISBN 3-89662-164-5

Welt

Abenteuer Weltumradlung (Rad & Bike)
ISBN 3-929920-19-0
Äqua-Tour (Rad & Bike)
ISBN 3-929920-12-3
Erste Hilfe unterwegs
ISBN 3-89416-689-4
Der Kreuzfahrtführer
ISBN 3-89416-663-0
Outdoor-Praxis
ISBN 3-89416-629-0
Die Welt im Sucher
ISBN 3-9800975-2-8
Wo es keinen Arzt gibt
ISBN 3-89416-035-7

Praxis

Dschungelwandern
ISBN 3-89416-759-9
Fliegen ohne Angst
ISBN 3-89416-754-8
Kanu-Handbuch
ISBN 3-89416-725-1
Orientierung mit Kompass und GPS
ISBN 3-89416-755-6
Richtig Kartenlesen
ISBN 3-89416-753-x
Schutz vor Gewalt und Kriminalität
ISBN 3-89416-756-4
Sicherheit im/auf dem Meer
ISBN 3-89416-758-0
Survival-Handbuch Naturkatastrophen
ISBN 3-89416-757-2
Tauchen in warmen Gewässern
ISBN 3-89416-760-2
Wildnis-Ausrüstung
ISBN 3-89416-750-5
Wildnis-Küche
ISBN 3-89416-751-3

Praxis – die neuen handlichen Ratgeber

Wer seine Freizeit aktiv verbringt und moderne Abenteuer sucht, braucht spezielles wissen, das in keiner Schule gelehrt wird. REISE KNOW-HOW beantwortet die vielen Fragen rund um Freizeit, Urlaub und Reisen in einer praktischen Ratgeberreihe: „Praxis“.

R. Höh: Kanu-Handbuch
ISBN 3-89416-752-1

R. Höh: Wildnis-Ausrüstung
ISBN 3-89416-750-5

R. Höh: Wildnis-Küche
ISBN 3-89416-751-3

F. Littek: Fliegen ohne Angst
ISBN 3-89416-754-8

R. Kuster: Dschungelwandern
ISBN 3-89416-759-9

M. Faermann:
Sicher im und auf dem Meer
ISBN 3-89416-758-0

K. Becker:
Tauchen in warmen Gewässern
ISBN 3-89416-760-2

M. Faermann:
Survival Naturkatastrophen
ISBN 3-89416-757-2

M. Faermann:
Gewalt und Kriminalität unterwegs
ISBN 3-89416-756-4

Jeder Titel:
144-160 Seiten, robuste Fadenheftung,
Taschenformat 10,5 x 17 cm,
Register und Griffmarken

Praxis
Fliegen ohne Angst
Praxis
Tauchen in warmen Gewässern
Praxis
Dschungel-wandern
Praxis
Survival-Handbuch Natur-Katastrophen
Praxis
Sicherheit im und auf dem Meer
Praxis
Schutz vor Gewalt und Kriminalität unterwegs

Register

Aa-Lava 41
Afrika 132
Airfalls 47
Amphibole 100
Anfänger 30
Antillen, Kleine 139
Ararat 146
Arenal 142
Asche 19
Aschen, vulkanische 47
Ascheregen 57
Aschestrom 44
Äthiopien 134
Atitlán 142
Ätna 30, 74, 126
Aufschluß, geologischer 104
Ausbrüche, größte 77
Ausrüstung 17
Azoren 131

Baitoushan 147
Basalt 109
Base Surge 45
Bekleidung 19
Belichtung 115
Bergsturz 48
Bimsstein 91
Block 47
Böhmen 154
Bombe 47
Breccien 91

Calderen 75
Calderenbildung 89
Cerro Azul 143
Chaîne des Puys 153
Chile 146
China 147
Cosiguina 142
Costa Rica 142
Cotopaxi 79, 144

Dense Rock Equivalent 77
Deutschland 153
DRE 77
Druckwelle 42, 49

Ecuador 143
Eisausrüstung 29
Ejekta 47
El Chichon 138
Erdbeben 75
Ergußgesteine 94
Erithrea 134
Eruption 13
Eruption, Charakter 72
Eruption, effusive 69
Eruption, explosive 69
Eruption, phreatische 88
Eruptionsformen 86
Eruptionsstärke 76
Eruptionswolke 68
Expedition 32
Explosive Tätigkeit mit Maarbildung 88

Fall out 47
Feldspäte 102
Filmmaterial 113
Fließfähigkeit 71
Fließtextur 97
Fluor 46
Foide 102
Fotoausrüstung 112

Fotografieren 111
Frankreich 153
Fumarole 36
Förderprodukte, vulkanische 89

Galapagos-Inseln 143
Gamaschen 21
Ganggesteine 94
Gasansammlung 53
Gase, vulkanische 45
Gasmaske aufsetzen 46
Gefahren 42
Gefahrenzone 51, 54
Gefüge 99
Gehörschutzstöpsel 26
Geländearbeit 104
Genehmigungen 16
Geologenhammer 26
Gesteine, magmatische 97
Gesteine, vulkanische 94
Gesteinssammlung 108
Geysir 12
Gipfelcaldera 75
Gipfeleruption 12
Glimmer 100, 102
Glutwolke 44
Griechenland 129
Guatemala 142
Guide 16

Handschuhe 23
Harmonischer Tremor 82
Hawaii 137
Höhenmesser 28
Holozän 62
Hose 20
Hot-Spot 66

IAVCEI 15
Ignimbrite 91
Indonesien 149
Internet 157
Irazú 142
Island 125
Italien 125
Ixta 139

Japan 147

Kamera 111
Kanarische Inseln 130
Kavernösität 97
Kenya 132
Kieselsäuregehalt 94
Kilimanjaro 135
Kinder 34
Klima 84
Kocher 22
Kohlendioxid 46
Kompaß 28
Kompositvulkan 73
Kontinentaldrift 63
Kosten 16
Krakatau 49
Kraterrand 53
Kratersee 43

La Réunion 132
Lahar 48, 91
Laki-Spalte 74
Landkarten 23
Landrutsch 48
Lapilli 19
Lascar 146
Lateral Blast 49
Lava 69

Lavadom 70
Lavadomtätigkeit 88
Lavafontänen 68
Lavasee-Tätigkeit 86
Lavastrom 43
Literaturtips 166
Llaima 146
Lockerstoffe 90
Lupe 27

Maare 72
Magma 66
Magmakammer 67
Magnetanomalien 28
Mauna Loa 80
Mayon 55
Mehrtagestouren 31
Meißel 26
Mexico 138
Minerale bestimmen 99, 107
Minerale, chemische Zusammensetzung 95
Minerale, dunkle 100
Minerale, Entstehung 96
Minerale, helle 102
Minerale, Unterscheidung 100
Mineralgehalt 94
Mineralbestand 99
Mittelamerika 142
Montagne Pelée 139

Nachtaufnahmen 115
Name Vulkan 62
Naturschutz 105
Neuseeland 152
Nicaragua 142
Niederschläge, vulkanische 47
Nysiros 129

Oberflächenstruktur 95
Objektive 111
Oldoinyo Lengai 134
Olivine 100
Ostafrikanischer Grabenbruch 132
Ostasien 147

Pacaya 142
Pahoe-hoe-Lava 71
Palagonite 91
Paroxysmus 57
Pauschaltouren 16
Peléanische Tätigkeit 87
Philippinen 149
Planung 15
Plattentektonik 63
Plinianische Tätigkeit 87
Plutonite 94
Poàs 142
Popo 139
Porphyrischen Struktur 95, 97
Proben sammeln 106
Pyroklastika 90
Pyroklastischer Strom 44
Pyroxene 100

Quarze 102

Rauchfahne 84
Rift-Valley 132
Riftvulkan 74
Ring of Fire 42
Risiken 40
Rucksack 22

Santorini 129
Schalldruck 26

Schichtungsgefüge 97
Schichtvulkan 73
Schildvulkan 73
Schlacken 91
Schlafsack 22
Schlammlawine 48,91
Schlammquellen 152
Schuhe 18
Schutzausrüstung 23
Schwefeldioxid 46
Schwefelwasserstoff 46
Schweißschlacken 91
Seafloor-spreading 64
Sicherheitsabstand 41
Sicherheitsmaßnahmen 51
Silikate 66
Solfatare 90
Soufrière de Montserrat 139
Soufrière de Saint-Vincent 139
Spalteneruption 12
Spaltentätigkeit 86
Spaltenvulkan 74
Stativ 116
Staukuppe 70
Stoßkuppen, peléanische 88
Stratovulkan 20, 73
Strombolianische Tätigkeit 86
Stromboli 128
Strukturen, geklüftete 97
Subduktionszone 65
Südamerika 143
Südostasien 149

Tanzania 132
Taschenlampe 28
Tektonik 63
Tephra 47, 76, 90
Textur 97
Tiefengestein 94
Tolimán 142
Tonaufnahmen 29
Touren 29
Transport, Fotoausrüstung 118
Tremor 82
Tsunami 49
Tuffe 99
Türkei 146

Umweltschutz 52
Unfälle 40, 56
USA 137

VEI 76
Verletzungen 52
Vesuv 81
Viskosität 71
Volcanic Explosivity Index 76
Vorderasien 146
Vorhersage 81
Vulcanianische Tätigkeit 88
Vulkane 62
Vulkanausbruch 42, 83
Vulkane, gefährlichste 80
Vulkane, größte 79
Vulkanobservatorien 15, 155
Vulkanologischen Vereinigung 15
Vulkantypen 72

Wässer 43
Wurfschlacken 91

Xenolith 96

Zelt 21
Zugänglichkeit 12

068vu Abb.: je

Der Autor

Für Jens Edelmann (geb. 1964, wohnt in Dresden) sind Vulkane längst mehr als nur ein Hobby. Die Beschäftigung mit den Vulkanen und ihrer Aktivität bietet ihm einen Ausgleich zur Hektik des städtischen Berufsalltags. Grund genug, in jedem Jahr – oft auch mit Familie – so viel Zeit wie möglich an und auf den Feuerbergen zu verbringen. Sein besonderes Interesse gilt dabei den Vulkanen Indonesiens, der Philippinen und Südeuropas.

Der Autor ist bestrebt, insbesondere Anfängern die Ursachen und Wirkungen vulkanischer Tätigkeit näher zu bringen. So vermittelt er in diesem Buch ein umfassendes Bild von den Möglichkeiten der Vulkanerkundung, aber auch von den Risiken und Gefahren, die damit verbunden sein können. Diese zu vermeiden, steht für ihn auf allen Vulkantouren im Vordergrund.

Anregungen und Ergänzungen, aber auch Kritik der Leser nimmt der Autor gern entgegen. Offen gebliebene Fragen können auch per E-Mail geklärt werden: Jens.Ed@t-online.de